高校体育教学创新理论探究

张敏青　著

中国原子能出版社

图书在版编目（CIP）数据

高校体育教学创新理论探究 / 张敏青著. --北京：
中国原子能出版社，2023.11

ISBN 978-7-5221-2616-6

Ⅰ. ①高… Ⅱ. ①张… Ⅲ. ①体育教学–教学研究–
高等学校 Ⅳ. ①G807.4

中国国家版本馆 CIP 数据核字（2023）第 200720 号

高校体育教学创新理论探究

出版发行	中国原子能出版社（北京市海淀区阜成路 43 号　100048）
责任编辑	杨　青
责任印制	赵　明
印　　刷	北京天恒嘉业印刷有限公司
经　　销	全国新华书店
开　　本	787 mm×1092 mm　1/16
印　　张	11.25
字　　数	184 千字
版　　次	2024 年 1 月第 1 版　2024 年 1 月第 1 次印刷
书　　号	ISBN 978-7-5221-2616-6　　定　价　72.00 元

发行电话：010-68452845　　　　　　　**版权所有　侵权必究**

前　言

我国高等教育和体育教育的重要组成部分是高校体育教育，其推动了我国体育教育的发展，提升了高校学生的身体素质与体育综合能力。

新时期，高校体育教学改革创新非常重要，而且十分必要。在"以人为本""健康第一""终身体育"等新教学理念指导下，高校体育面向最广大的受教育群体，肩负着促进大学生身心健康发展和社会性发展的重要责任。

当前，面对新形势、新学生群体的体育教学，必须坚持改革与创新，才能更加科学地实现体育教育的多元化教育功能，才能培养出适应现代社会发展的高素质人才。

全书共分为五章：第一章为高校体育教学基础理论，包括体育教学与高校体育教学、高校体育教学的特点、高校体育教学的内容与原则、高校体育教学的功能、高校体育教学的主体。第二章为高校体育教学的理念，包括高校体育教学理念概述和高校体育教学理念改革与创新。第三章从四个方面介绍了高校体育教学理论的多维审视，包括高校体育教学的多元化学科基础、高校学生身心发展与教学、高校体育教学中新教育技术的应用、高校体育专业学生的培养。第四章为高校体育教学方法的创新，分别从高校体育创新教学方法的基础理论、高校体育创新教学方法的视角、高校体育创新教学方法的选用与实施、高校体育创新教学方法的发展四个方面进行阐述。第五章为

高校体育教学模式的创新，包括游戏教学模式在高校体育教学中的创新、程序教学模式在高校体育教学中的创新、俱乐部教学模式在高校体育教学中的创新、多媒体教学模式在高校体育教学中的创新等四方面内容。

在撰写本书的过程中，作者得到了相关专家、学者的帮助和指导，在此表示真诚的感谢。本书内容全面，条理清晰，但由于作者水平有限，书中难免有疏漏之处，希望广大读者批评、指正。

作　者

2023 年 1 月

目　录

第一章
高校体育教学基础理论

本章为高校体育教学基础理论，主要包括五个方面的内容，分别是体育教学与高校体育教学、高校体育教学的特点、高校体育教学的内容与原则、高校体育教学的功能、高校体育教学的主体。

第一节　体育教学与高校体育教学

一、体育教学

（一）体育教学的概念

学校体育目标的实现离不开体育教学这一基本组织形式，它同时也是学校体育的一个重要组成部分。体育教学具有目的性、计划性和组织性，它将相关知识与技能传授给学生，发展学生的智力，培养学生的品德，促进学生良好个性的形成。这个教育过程与其他学科教学相似，但体育教学又有其自身的独特性，学校体育目的的实现、体育任务的完成都要通过体育教学这一途径去达到。体育教学的范围很广，不仅是指学校体育，还涉及竞技体育、社会体育等领域。

综上分析，可以将体育教学定义为在学校教育中，学生在教师的指导下，积极主动地学习和掌握体育基本知识、技能和方法，提高身心健康水平和身

体活动能力，强化对自然环境和社会环境的适应能力，形成良好的思想品德和个性的过程。

（二）体育教学的基本介绍

随着全球化的不断推进，在衡量社会进步与国家发展方面，体育事业的发展水平已成为一个非常重要的指标，而且国家与地区之间的交流也离不开体育这一载体。体育有竞技体育、大众体育、学校体育等多种类型，包括体育教育、体育活动、体育文化、体育竞赛、体育经济等诸多要素。虽然很早以前就出现了体育教学，但体育教学真正的迅猛发展始于现代社会。

20 世纪 60 年代以来，随着信息技术的快速发展，人类进入了信息社会，新技术、新材料、新能源及生物工程在社会各个领域都得到了广泛而普遍的运用，并推动了社会生产力的发展，人们的生活节奏越来越快。这一方面给人们带来了便利，使人们的生活水平有了提高，生活条件有了改善，但另一方面随着电气化、自动化和智能化的不断发展，人们在十分紧张的环境中工作和生活，身心健康受到了影响。

20 世纪 70 年代，联合国教科文组织对现代教育提出了人才培养要求，要求培养的人才适应社会的发展和需要，即培养具有健全的体魄、高尚的道德情操、丰富的科学文化知识的全面型人才，并指出应将体质作为人才评价标准之一，作为"三育"教育中的一个首要标准。由此使体育教学在教育系统中的地位和作用得到了很大的提升，同时也引起了人们的重视。此后，各国纷纷改革体育教学内容、教材和教法，并进行了深入的探索，如快乐体育教学模式深入研究体育教材的结构和"小集团"教学法，而不是一味地研究运动素材，这一举措有利于发挥体育教学在培养学生人格、个性方面的功能，将体育教学提高到了崭新的位置上，促使体育教学为人的身心和谐与健全发展而服务。

二、高校体育教学

（一）高校体育教学的构成要素

高校体育教学的组成要素包括两部分：一是指高校体育教学的结构要素，

二是指过程要素，以下为具体内容。

1. 高校体育教学的结构要素

体育教学的结构指的是可以影响体育教学的各种要素及其相互关系。体育教材、体育教法、体育教师、学生等都是体育教学的基本结构要素。概括而言，高校体育教学包括以下三个方面的结构要素。

（1）参与者

参与者是高校体育教学的重要因素之一，主要指高校体育教师和高校体育教学中的大学生。

在高校体育教学的参与者要素中，高校体育教师是外部主导，主要职能体现为对高校体育教学进行计划、组织、管理、监控等。高校体育教师的专业素质将直接影响其职能的发挥和体育教学效果，因此要求高校体育教师有良好的敬业精神、业务能力等。

在高校体育教学中，高校体育教师的主要施教对象是大学生，这是高校体育教学的另一个重要主体。高校体育教师向大学生传授体育知识与技能，但大学生不能只是简单、被动地接受，必须在教师的指导下积极主动地参与学习，发挥自己的聪明才智，从而取得良好的学习效果。因此，从广义上而言，在高校体育教学中，大学生是一个主要制约因素和重要调控因素。在教学过程中，大学生作为受教育者和施教对象，是一个群体，在很多方面存在共性，但因为各方面因素的影响，大学生之间的个体差异也很明显。大学生能否能动地参与体育学习，对教学质量好坏有决定性影响。而针对大学生的特点和差异，因材施教、调动大学生的学习兴趣与热情是体育教师的另一个主要职责。

（2）施加因素

高校体育教学要满足社会对大学生的要求，这主要体现在高校体育教学任务、教学内容、教学大纲与教学计划等要素中。这些要素在高校体育教学的结构因素中属于外部施加因素，连接高校体育的"教"与"学"是这类要素的主要作用。

高校体育教学过程是由体育教学任务、内容和计划等要素规定的，并以这些要素为依据组织与实施教学。高校体育教学任务和体育教学内容的价值

均体现在两个方面，即显性和隐性，将这两类价值的关系处理好，可以促进学生健康、和谐地发展。

（3）媒介因素

高校体育教学是在一定的时空条件下对相关信息进行有序传递的过程。媒介是传递信息的必备条件，具有针对性、可控性、安全性、抗干扰性及实用性等特征。高校在体育教学中，要想顺利地传递信息，必须具备场地器材、环境设备、组织教法等重要媒介。高校体育教学质量能否得到保证，一定程度上要看是否具备高质量、现代化的媒介条件。

在高校体育教学过程中，这三大要素是动态结合、不断变化的，其中最为重要的是教师的主导作用。体育教师应掌握并熟练运用各种教学方法，将大学生的学习积极性充分调动起来，将各种要素调控好，从而提高教学质量，顺利完成教学任务。

2. 高校体育教学的过程要素

（1）体育教学目标

体育教学目标是体育教学应达到的结果，体育教学的价值取向主要体现在体育教学目标中。只有确定了体育教学目标，体育教学才会有明确的方向，体育教学的出发点和最终归宿也才能确定下来。

在体育教学评价中，体育教学目标是一个非常重要的定向参考因素，如果没有确定教学目标，体育教学就会漫无目的地盲目开展，体育教师也就无法掌控教学过程。

（2）体育教学内容

在体育教学中，体育教师给学生传授的体育与健康知识、技能和方法等都是体育教学内容。体育教学目标能否达成，体育教学质量能否提高，直接受体育教学内容的影响。只有科学选择体育教学内容，并有效实施，才能使体育教学过程更加顺利，才有可能完成体育教学目标，并使体育教学质量得到提高。

体育教学如果没有明确的教学内容，就不能称为体育教学，而只是体育锻炼，这时体育就不再是一个学科了，而是一项活动。因此选编和运用体育教学内容非常重要，在开展这项工作时，要对学生需求、社会需求、学科体

系进行充分考虑。

（3）体育教学策略

体育教学策略是体育教师以体育教学目标和学生的具体情况为依据，选择的有效教学技术和手段。此外，有助于学生理解教学内容的各种信息及信息的传递方式也属于教学策略的范畴。

体育教学策略与体育教学目标、体育教师、学生等因素密切相关，这一要素对体育教学工作的成败和效率的高低有直接的影响。所以为了更好地开展体育教学，完成教学任务，需要对体育教学方法、组织形式和手段进行科学选用。

（4）体育教学评价

依据体育教学目标制定标准，运用有效评价等技术手段，测定与衡量、分析与比较体育教学活动过程及其结果，并进行价值判断的过程就是体育教学评价。体育教学评价的主要目的是推动体育教学质量的提高和学生的全面发展。

作为体育教学的一个重要因素，体育教学评价与教学目标、教师等因素的关系非常密切，一般体育教学评价指标由教师根据教学目标制定。

（二）高校体育教学的原理

高校体育教学的主体内容是体育运动项目，因此在高校体育教学内容设计中，必须重视不同项目的教学，并在具体项目教学原理中融入运动兴趣与情感体验，从而通过科学的体育教学原理，向学生阐释运动技能的形成与发展需要不懈地追求与努力，其功能体现为个体价值观与社会文化价值观的融合。

第二节　高校体育教学的特点

一、以传授体育技术和体育知识为主要内容

大学生进行体育学习，主要是为了锻炼身体、增强体质，从而为更好地

建设祖国贡献自己的力量。首先，大学生的主要学习内容就是体育技术，它同样是体育教师的主要教学内容。大学生在反复的学习与练习中，将所学技术转化为技能，从而能够通过合理有效的方法来锻炼身体。其次，体育知识也是大学生需要掌握的体育教学内容，目的是为身体锻炼提供科学指导。一般在高校体育课程设置中，体育技术内容所占的比例要比体育理论知识所占的比例大，这是体育教学与文化课程教学在内容设置上的主要区别。文化课程以文化知识为主要教学内容，学生在掌握这些文化知识的基础上才能更好地从事生产实践，更好地在社会实践中发挥自己的能力；而体育课教学以技术和技能内容为主，以体育技术为主、体育知识为辅的设置方式有利于促进大学生身体健康成长。

二、身体参与活动和教学组织的多样化

在文化课教学中，学生主要通过思维活动对教学内容加以掌握，而体育课教学与文化课教学的不同在于，学生除了要动脑外，还要亲身参与活动，即除了参与思维活动外，还要进行身体活动。在身体活动中，通过肌肉感觉，向中枢系统传递信息，经过大脑的分析与综合，在理性上认识体育技术和技能。大学生如果缺少必要的身体活动，是无法对体育教学内容加以掌握的，尤其不可能掌握技术技能类教学内容。

大学生在体育活动过程中，身体反复受各种条件刺激，从而建立起条件反射，对体育技术加以掌握。在这个过程中，学生不但能够学习体育技术，而且还能够锻炼身体，增强体质，提高健康水平。在高校体育教学中，大学生不可避免地要做一些体育活动，这有利于其身体、心理的发育，有利于其保持充沛的精力。

体育教学以集体教学为主，但因为学生性别、性格、身体素质、活动能力等方面的差异，再加上体育教学容易受客观环境的影响，所以组织形式必须多样，从而满足不同学生的需求，适应不同学生的特点，进而提高教学效果。

在高校体育教学中，体育教师要善于运用社会学、教育学、生理学、心理学等多学科知识来对体育课进行精心的组织，从而使体育教学过程与教学

规律的要求相符。

三、对学生思想品德、心理品质培养的特殊作用显示其教育功能

体育运动有自己独有的特征，体育教学就是通过这些独特性对学生产生积极作用的，具体分析如下。

第一，竞赛性是体育运动的一个特点，正因为这个特点，体育教学才能够对大学生的竞争意识与竞争精神进行培养。

第二，体育具有规则性，因此能够培养大学生诚实守纪的品质。

第三，体育运动要求参与者克服自身生理负荷，并勇敢面对客观条件的阻力，因此有助于培养大学生勇于拼搏的意志品质与吃苦耐劳的精神。

第四，体育活动具有群体性，能够对大学生的交际能力与协作能力进行培养，同时能够引导大学生树立良好的集体主义精神与爱国主义精神。

总之，当代社会的发展要求大学生具备良好的思想品德和心理品质，体育教学在这方面的作用是不可替代的。

在新时代，体育教学的教育功能变得越发鲜明和突出。当今世界正在进行新技术革命，这不仅给世界各国带来了良好的发展机会，也给各国带来了巨大的挑战。人才的发展可以推动科技的进步，教育是培养人才的主要途径。只有促进中华民族整体素质的提升，我国才能在新技术革命中受益。

第三节　高校体育教学的内容与原则

一、高校体育教学的内容

时代在发展，社会在进步，高校教育水平也得到了较大提升。我国高校体育教学中，教学内容是高校体育教学重要的组成部分。教学内容是学生与老师之间相互交流的载体，可以帮助建立良好的师生关系。所有教学活动的开展都需要教学内容的指导，没有教学内容一切都是纸上谈兵，不会产生任

何的实际效果。如果教学内容的选择不够科学，就会直接影响预期规划的教学目标，达不到预期想要的教学效果，最终无法完成制定的教学任务和目标。由此可以看出，高校体育教学中教学内容的地位非常重要，它对高校体育教学工作的开展具有很大的影响。

（一）高校体育教学内容的定义

高校体育教学中的教学内容就是为了实现高校体育教学目标而选择与使用科学的体育知识和技能体系。

高校体育教学工作开展中，教学内容的选择是按照现代高校教育的各种要求，总结前人的教学成果和实践经验，遵循制定的教育原则，从而在丰富的体育教学理论中精挑细选形成一套科学的教学内容。我国高校体育教学中，教学内容是教师与学生之间重要的媒介，教师通过教学内容传授学生体育知识，它是师生之间信息交流的中介。另外，体育教学内容对最终的教学质量和教学效果也起着关键性作用。

（二）高校体育教学内容的主要特点

随着高等教育的改革与创新，我国高校教学质量得到稳步提升，高校体育教学内容不断完善，教学内容变得越来越丰富，满足了在校师生的学习需求。在高校体育教学中，高校体育教学内容具有的特点得到充分的展现，其特点主要包括以下几个方面。

1. 实践性

体育教师将体育教学内容传授给学生，主要是通过学生的身体练习进行的。体育教学内容最大的特点是体育运动项目以及相关的身体练习，所以其实质上是身体运动的一种实践，而其他教学内容都不具有这种特质。

2. 规定性

具体是指体育教学内容的实现具有体育教学条件的规定性，如一些教学活动需要借助一定工具、器械进行，需要在规定的场地、设施内进行，游泳、滑冰等对环境和气候也具有一定的要求。如果这些教学内容离开特定条件、空间、环境等，就会发生质的变化，也可能将不复存在。

3. 空间制约性

很多运动是在固定的场地上进行的，甚至是以场地来命名的，如田径、沙滩排球、郊游等。换句话说，如果这些运动离开了特定空间的制约，其内容就会产生质的变化，甚至内容本身就不存在了。由于体育教学内容的空间制约性，使得教学内容对场地器材具有很大的依赖性，而且使得场地、器材、规则本身也成为体育教学内容的重要组成部分。

4. 非阶梯性

它没有从简单到复杂、从易到难的清晰层次结构，也没有从基础到改进的清晰逻辑结构。体育教育的内容主要由身体训练和众多的平行的竞技运动项目构成，也包含大量的理论知识，这使得体育教育的内容很难选择。

（三）高校体育教学内容的分类依据与方法

1. 高校体育教学内容的分类依据

在国家高等教育水平不断提升的背景下，中国高校体育教育的教育内容变得丰富和多样化。与其他学科的教育内容相比，高校体育教育形式和社会功能是多样化的。要对丰富多样的体育运动项目与身体练习进行合理的分类，需要遵循下列基本要求。

（1）符合高校学生身心的发展规律

不同年龄的学生无论是在生理上还是在心理上，都具有鲜明的阶段性特点。高校体育教学内容分类的依据是学生的特点，如低年级体育教学运动技能的目标主要是发展学生的基础活动能力。这一阶段根据学生的基本体育能力与游戏兴趣进行分类比较合理，这样既能提高他们的运动技能，又能培养学生的体育兴趣，有利于我国高校体育教学水平的发展和进步。

（2）有利于开展实践教学活动

对于高校体育教学内容的分类要有一定的科学性，始终坚持高校体育教学实践服务的学习理念，学习理论知识是为后期的实践奠定基础。对高校体育教学内容进行具体分类时，应便于高校体育教师在体育教学实践中对体育课程内容进行选择与安排。在高校体育教学中，体育教学内容的分类不仅要满足师生的课程要求，还要遵循体育发展的科学规律，最终通过实践活动来

验证分类方法的合理性。

（3）应与体育教学方法和体育教学评价方法相联系

高校体育教学内容的分类应与体育教学方法和评价方法相互贯通，成为有机的整体。此种分类方法有利于对高校体育教学作出更好的评价，即进行体育教学内容的分类要有系统的观念。

（4）符合教育价值取向

高校体育教学内容的分类应跟着社会发展和国家教育方针的要求而不断更新，高校体育教学内容从不改变的分类方法是不存在的。因此，对高校体育教学内容的分类应有与时俱进的观念。

2. 高校体育教学内容的分类方法

在高校体育教学中，运动项目种类繁多，这就使教学内容丰富多彩。在对高校体育教学内容进行分类时，常面临以什么样的逻辑进行分类的问题。正确地对体育教学内容进行分类，有利于更深刻地认识高校体育教学内容，并使之与高校体育教学目标协调一致。我国高校体育教学内容大多都是独立分散的，相互之间缺乏关联性，没有较强的逻辑关系，以及高校体育教学内容的随机性等特点，目前对于教学内容的分类并没有统一的分类方法。体育教学中体育内容的分类方法一般包括六种。

（1）根据身体素质内容分类

根据速度、力量、耐力、灵敏、柔韧，或者根据与动作技能相关的体能分为速度、力量、灵敏、协调、平衡、反应等；也可以根据与健康相关的体能将身体素质分为心肺耐力、柔韧性、肌肉力量、肌肉耐力、身体成分等，可以将这样各个不同运动项目的身体练习进行完全不同的分类组合。

（2）根据体育教学目标分类

它是以赋予的体育教学要达到的目的为依据进行分类的，例如，掌握体育运动技能的练习、提升体能的练习、掌握科学锻炼方法的练习、提高基本活动能力的练习、提高安全意识与能力的练习、提高学生心理素质的练习、提高学生社会交往能力的练习等。

（3）根据运动项目分类

根据运动项目进行分类是体育教学中最常见的教学内容分类方法，它是

按照运动项目的名称和内容分类的，如球类、体操、田径、武术、体育舞蹈、冰雪运动、水上运动等。

（4）根据人体基本活动能力分类

根据学生具有的走、跑、跳、投、攀登、爬、钻、负重等基本活动能力，将各种各样的运动项目、身体练习等重新进行分类组合。

（5）综合交叉分类

综合交叉分类是一种将基本部分与选用部分、理论与实践教学内容、各项运动的基本教学内容与提高身体素质练习教学内容等相互交叉的综合分类方法。

（6）根据体育教学功能分类

根据我国体育课程相关的文件，以三维健康观、体育的本质特征、体育与健康课程等几个领域的目标为依据对体育课程的内容体系进行了重新构建，体育教学内容被划分为包括运动参与、运动技能、身体健康、心理健康以及社会适应等方面。

（四）高校体育教学内容的选择原则

体育教学内容的界定应基于体育教学的目标、体育教学的基本规律和我国的国情，这是在确定体育教育内容体系时必须首先考虑的三个重要条件。体育教育的内容非常丰富，真正起教育作用的内容只是其中的一部分，所以我们必须谨慎选择。在选择体育教育内容时，必须遵守以下原则。

1. 实践性与知识性相结合的原则

实践性和知识性的结合是由体育的本质特征决定的，利用体育活动来实现教育目标是体育活动教育中最重要的教育模式。在运动的帮助下，需要激活身体的大肌肉群，训练内脏和人体系统，体验运动的乐趣，培养性格和练习运动方法，所有这些都是在体育作为一种工具的教育内容的帮助下实现的。体育教育最重要的目标之一是让学生有机会掌握体育活动技能，提升他们的行动能力，并为终身体育奠定基础，而终身体育的实现取决于实践与知识的结合，信息主要反映在如何做以及为什么这样做上。虽然我们教授的是基本

的理论内容，但主要是在实践中获得经验和理解，体育教育内容体系是实践性与知识性相结合的体系。

2. 健身性与文化性相结合的原则

健身是体育教育区别于其他教学方法的一个重要特征，体育教育的内容体系应反映体育教育的本质特征。在人类认识世界、改变世界和适应世界的时候就产生了文化，体育本来就是一种文化现象，体育教育的文化本质是促进学生对体育的理解，促进体育情结的培养，创造体育价值观和理想，培养良好的体育道德。运动与文化元素的结合，意味着体育教育的内容体系具有良好的健身价值，同时也蕴含着许多体育文化内涵。

3. 民族性与开放性相结合的原则

体育的形式和内容总是与某些国家或地区的文化传统和习俗联系在一起。世界上许多受欢迎的体育赛事都来自不同的国家或民族，就像中国武术、日本相扑、希腊马拉松等。体育教育内容的民族性的体现是吸收具有我国民族特色的优秀项目，既发挥健身功能，又利用优秀的传统教学效果。然而，仅仅强调体育教育内容的民族性是不够的，一个民族无论多么优秀，在发展的过程中，总是受到各方面不同因素的制约，而且总是有一定的片面性。与广阔的世界相比，这种局限性更加明显。因此，体育教育的内容必须体现民族性和开放性，既要吸收世界各地不同民族的优秀体育内容，又要整合优秀的民族体育内容，形成优势互补、功能齐全的体育教育内容体系。

4. 继承性与发展性相结合的原则

传承良好的传统文化是教学的一项重要任务。体育教育内容的选择无疑是采用我国历史悠久的传统体育内容，使这一宝贵的文化遗产得以传承，这就是体育教育内容所具有的传承特征。

时代在前进，一切都必须不断进化以满足时代的要求，否则历史将不可避免地将其消灭。我们应该在选择性传承的基础上丰富传统体育的内容，在保持其原有品质和精粹的基础上，消除那些落后和不健康的东西，使其现代化，满足现代社会发展的需要，这便是体育运动的发展特征，武术的传承与发展是体育教育内容传承与发展相互交融的原则的典型体现。

5. 统一性与灵活相结合的原则

体育教育内容体系必须面向全体学生，要对体育教学有基本的要求、相对统一的标准，从而会有一个相对标准的目标，即体育教育内容系统的统一，但它又不是完全统一的。首先，我国有广阔的地域，各地区条件不同，发展不均衡，教学的基础也不相同。其次，学生的身心发展存在差异，体育教育的基础和接受能力也存在差异。同一教学阶段的学生之间也存在明显差异，因此教学内容必须有一定的灵活性，可以依据教学条件和学生的特点灵活选择，这就是体育教育内容体系的灵活性。只有在统一性和灵活性之间取得平衡，才能有效地实现所有学生在不同情况下的身心全面的发展。

（五）高校体育教学内容的发展趋势

随着我国高校体育教育的不断改革，体育教学内容呈现出多样化发展趋势，具体表现在以下三个方面。

1. 促进高校学生体育知识的全面发展

我国传统的体育教学中，教师讲解的内容只是单方面培养学生的身体素质，具有一定的局限性，不利于学生的全面发展。随着高等教育水平的不断提高，未来的道路上高校体育教学内容会呈现全面发展的趋势，不再是单一追求学生的身体素质，而是全面提升学生的身体素质、心理健康和社会能力，提高学生的综合素质，这样才能更好地适应各种体育环境。在教育思想、方针政策、体育目标、体育功能的影响和制约下，选择体育教学内容的范围也受到了很大的限制，这使得体育课曾一度成为以提高学生身体素质为主要目的的达标课。

现如今，教育部非常重视学生的素质教育，推广力度不断加大，素质教育已经成为学生教育中非常重要的一部分。高校体育教学内容的选择要符合素质教育的实际要求，有助于高校学生的身体素质、心理素质和社会能力的全面发展，为社会培养更多的高端人才，从而满足我国体育事业发展的需要。

2. 注重培养学生的终身体育教育思想

终身体育思想是现代高校体育教学的重要指导思想，由于受到这种思想的影响，现代高校体育教学的目标是注重培养学生的终身体育教育的思想。

体育活动的参与者不分年龄大小，终身体育已经成为世界各国体育发展的理想目标，高校学生学习和掌握的体育知识与技能是能否实现这一目标的关键因素。所以，高校体育在未来的发展中，要合理调配运动文化和教材之间的关系，处理好两者的娱乐性、传递性和健身性的关系，一些具有健身价值、终身运动性质的体育运动项目将被作为高校体育教学的内容来执行。

3. 强调教学内容的选择性

高校体育教材大纲确定之后，在规划高校体育教学内容时，总是试图在具有极强综合性的体育学科中来寻找运动项目之间的逻辑关系，然后选取合理的教学内容将其体系化。注意内容之间一定要有较强的逻辑性，我国高校体育教学内容正是由于缺乏这种逻辑性，导致体育教材的编制存在一定的困难。将来的体育教材大纲在对高校体育教学内容进行选择时，会非常重视体育学科自身的内在规律，并且会将具有娱乐性、健身性、科学性的体育素材及学生感兴趣的体育内容编排到体育课程当中。不同学段的教学内容和要求也有一定的区别，"选择性教学"将获得进一步的发展。

二、高校体育教学的原则

体育原理是体育教学应遵循的基本要求和指导原则，是对长期体育教学的经验的归纳和汇总，体现了体育教学的客观规律。体育原理是教师和学生在体育教学中进行教学活动的基础，在各种教学活动中起着指导和限制作用。正确理解和实施体育原理，对于明确教学目标、选择和组织教学内容、选择教学方法、教学场所、设备和组织形式、执行教学任务和提高教学效率具有重要作用。

（一）重视提高运动技能原则

在大学体育活动教育教学中，不断增强学生的体育活动技能就是重视体育运动技能原则，这样能够提升学生运动成绩，实现有效的体育活动教育。在高校体育教学中，实施加强体育运动技能原则的基本要求如下。

1. 正确认识提高运动技能在体育教学中的重要意义

掌握体育运动技能是体育教学的主体责任，是体育学科解决问题的重要

依据，是训练和改善学生身体状况的渠道，也是学生学会体育运动方法和体验体育乐趣的前提条件。体育教学的基本要求是不断提高学生的运动技能，这是评估体育教学效果和质量的标准，也是评估体育教师教学能力的标准。因此，体育教师应充分理解提高体育技能在体育教学中的重要性，并重视提高学生的体育技能。

2. 明确运动技能教学的目的

学生掌握运动技能和提高技能的目的不同于职业运动员，职业运动员主要是为了比赛，但是学生的主要目的是健身和娱乐。因此，体育活动技能的教学应以"健康第一"的原则为基础，为学生的终身体育活动服务。其目的应是提高各种体育技能，如"较好地掌握 1～2 项常用的运动技能""初步掌握多项可能参与的运动技能"和"基本掌握作为锻炼身体方法的运动技能"，对学生进行分类和分级，以让学生学会终身体育活动所需的体育活动技巧。

3. 教学方法上注意精讲多练

因为体育教学的特征，在体育教学中不允许过度使用教学方法，不能形成"满堂灌"的局面，需要更加注重教学和训练。首先，教师必须在课堂上给学生尽可能多的锻炼时间，以减少不必要和低效的教学，教师的指导有时可以在学生锻炼期间进行。其次，教师根据情况额外布置一些家庭作业，这样学生就可以花更多的时间在课堂外练习。教师需要对要传授的内容进行精确的解释，精讲需要明确的目的、明确的层次、明确的重点、正确地运用术语和口诀，以及将教学和动作示范相结合。

4. 创造提高运动技能的环境和条件

为了让学生更好地掌握运动技能，还需要营造一个合适的学习环境和学习条件，这就需要增强教师自身的运动技能和教学技能，营造民主和谐的体育课堂氛围，优化场地设施和器材。

（二）注重体验运动乐趣原则

注重体验运动乐趣的原则是指在高等教育体育教学中，学生在练习和掌

握运动技能的同时，也能体验到运动的乐趣，使学生享受运动，提高对运动的参与度。为了实现这一原则，必须在高校体育教学中做到以下两点。

1. 选择趣味性强的体育教学内容

体育教学内容既包含学生认为非常有趣或易于体验的内容，也有学生觉得不太有趣或难以体验的部分，但它们的教学价值都是一样的。所以，体育教学应优先考虑在教学中教授既能唤起学生学习兴趣又具有重要性的内容。同时，为了让教学变得有趣，可以在教学内容中作出调整，如简化、情节化、生活化、游戏化、比赛化，从而使教学变得生动有趣。

2. 运用多种有利于学生体验乐趣的体育教学方法

在体育教学中，教师既要重视教授教学的方法，也要擅长使用教学法、游戏教学法、竞赛教学法、情景教学法、发现教学法、小群体教学法等教学方法，来让学生享受到运动的快乐。

（三）合理安排运动负荷原则

合理安排运动负荷原则是指在高等教育中组织一定量的体育活动，体现体育活动教学的本质特征——身体活动性，使学生身体所承载的体育活动高效、合理，以满足学生进行体育活动并学会体育技能管理的需要。在高校体育教学中实施合理安排运动负荷原则的基本要求如下。

1. 运动负荷的安排符合学生的身体发展特征

运动负荷的科学性表现在两个方面：一是学生身体的发展性，二是学生身体的无伤害性，但是这些都和学生的身体健康状况有关。所以，教师要掌握学生身体发展的科学原理，了解学生身体发展各个阶段的特点，并且要了解各个运动项目的特点，才能科学地安排运动负荷。

2. 运动负荷的安排服从于体育教学目标

毕竟，合理安排运动负荷是为了达到体育锻炼和学会相关技能的教育目标。所以，教师不能忽视运动负荷在实现体育教育目标中的关键作用，也不能忽视不同类型的特殊课堂的需求，盲目追求统一的运动负荷，会导致运动负荷过大，对学生身体造成伤害。

3. 精心设计体育教学内容

体育运动涉及各种运动和锻炼练习，有些运动负荷高，有些运动负荷低，所以在规划教学内容时，必须考虑到运动负荷，并对教科书进行必要的修改，不同的运动项目和锻炼方法之间应该有合理的协调。

4. 逐步提高学生自我控制运动负荷的能力

体育教师应在高等体育教育中加强对体育锻炼原理、运动负荷和运动处方的了解，让学生学会健康的自我评估和自行调整运动量，让他们逐步学会体育锻炼的方法和技能。

（四）因材施教原则

"因材施教是指教师要从学生的实际情况、个体差异出发，有的放矢地进行有差别的教学，使每个学生都能扬长避短，获得最佳发展。"[①]因材施教的原则就是在体育教学中实施"面向所有学生"的教育理念，依据每个学生的具体情况进行不同的、有针对性的教学，使每个学生都能保持身心健康，都能在自己先天的运动技能的基础上得到发展。所以，在大学体育教学中要做到以下几点。

1. 深入细致地了解和研究学生

理解学生之间的个体差异是实现因材施教原则的前提。体育教师可以利用课堂观察、问卷调查、与学生讨论、与辅导员沟通等方式获取学生的详细信息，以此确定学生在身体条件、兴趣和运动技能方面的个体差异，进行综合分析并制作出个性化的教学方法。与此同时，应从发展的角度看待学生的个体差异，不应从静态的角度去看学生，应定期了解学生的基本状况。

2. 设置类型多样的体育选修课程

丰富的选修课是用因材施教进行体育教学的最佳方式。不同的学生在身体条件、兴趣爱好和运动技能方面存在显著的不同。开设选修课，必

---

① 朱家存，李福华. 中学教育基础［M］. 芜湖：安徽师范大学出版社，2016.

须充分征询学生的意见，这样可以满足他们的个人需求，促进他们的个人发展。

3. 体育教学组织形式多样化

在体育教学中，等质分组是一种因材施教的良好教育组织形式。体育教师可以根据身高、体重、体能和运动能力对学生进行分组，并为身体健康状况不佳和运动技能较差的学生提供特殊照顾。体育老师可以提高对具有更好身体素质和运动技能的学生的要求，并为他们的进一步发展创造条件，从而确保所有学生都能进步，让每个学生都有机会感受到学习和体育的快乐。

（五）安全运动原则

安全运动原则是指学生在大学体育教学中必须安全地进行运动，这是高校体育教学的前提，实施安全运动原则在高校体育教学中有以下基本要求。

1. 设想所有可预测的风险因素

通过长期的体育教学实践经验的归纳，体育教学的大多数有风险的因素都可以预料，这些可预见的风险因素主要是：由学生的思想态度引起的风险因素，如鲁莽做事、未经老师同意的行为等；由学生的体育活动和身体素质差异引起的风险因素，如力量不足、动作过于复杂、对体育动作不熟练、缺少必需的保护和帮助等；由于现场条件的变化而产生的危险因素，如在雨雪土壤上打滑、塑胶地板损坏而绊倒等。由于设备损坏和突发情况造成的风险因素，如绳索断裂、双杠断裂等；特殊天气引起的危险因素，如夏天的长跑、暴雨的淋击等。对于这些可预测的风险因素，体育教师需要在上课前逐一检查，以消除任何可以避免的潜在风险。

2. 建立运动安全的有关安全制度和安全设备

对于一些危险的运动，应该制定严格的安全制度，以限制学生的潜在危险行为。例如，禁止带着钥匙打篮球、穿皮鞋踢足球等。在一些危险的体育设施中，必须安装必要的防护设备和警告标志。例如，在单杠下放置海绵垫、

在游泳池中配置救生圈和救生衣、在深水区域设置警告标志等。

3. 时刻对学生进行安全运动的教育

为了在体育教学中落实安全运动的原则，与学生的密切合作至关重要。集中教育是指花费特定时间解释保障安全知识和基本问题，以确保安全，并教授学生相互帮助和保护的技能。安全教育是指教师在上课之前对每一个班级的学生都要强调安全问题，让学生重视安全教育。

第四节　高校体育教学的功能

现代高校体育教学中，体育教学不仅可以传授理论知识，还可以通过体育活动增强学生的体质。同时，高校体育教学能够发挥出多种功能，即健身功能、智育功能、德育功能、竞争功能、娱乐功能和审美功能。为了加深对高校体育教学功能的了解，下面将对各种功能展开详细的介绍。

一、健身功能

健身功能是体育教学的基本功能，通过体育锻炼，可以增强学生的体质，提高学生的运动水平，同时可以改善身体形态，提高学生的生理机能、身体素质和活动能力，增强学生对外部环境的适应力和对疾病的抵抗力。

二、智育功能

体育活动是促进智力发展的基础，良好的体质可以保证学生有充沛的精力进行学习，并且体育活动可以使学生的听觉、视觉等各种感觉器官得到锻炼，从而促进学生记忆力的提高和智力发展。

三、德育功能

体育教学是提高学生的思想道德素质的有效途径，学生通过学习各种复杂的动作，克服生理上的困难，使学生具备勇敢、坚强、刻苦等品质，在未来社会中更加具有竞争力。

四、竞争功能

随着社会的快速发展，人们之间的竞争也越来越大，为了能够适应时代变化，必须要不断提升自己的综合素质，这样才不会被社会所淘汰。高校体育教学也同样如此，教师在讲授体育知识时一定要培养学生的竞争意识，提高学生独立解决问题的能力，为以后步入社会奠定基础。由于体育比赛是一种竞技活动，需要不断战胜对手才能获得最终的胜利。所以，教师在高校体育教学过程中要不断鼓励学生，提高学生运动的积极性，在潜移默化中培养学生的竞争力。

五、娱乐功能

体育教学可以调节学生的心理状态，使学生的精神得到放松，消除学习中的疲劳。体育教学的开展也给学生的生活带来了无穷的乐趣，如今体育活动已成为学生的一种精神食粮，是一种美的享受，高校体育教学的娱乐功能得到充分展现。

六、审美功能

从高校体育教学的表面来看，体育教学与学生的审美意识和审美能力并没有任何直接联系，但实质上是有促进的作用。随着我国高校体育的发展，体育教学可以帮助学生强健体魄，提升学生的运动能力，塑造更美的形体，掌握更美的姿态，这是体育的外在美；体育教学还能培养学生的健全人格，展现学生的人格美，这是体育教学的内在美。现代高校体育教学中完美融合了美术、舞蹈、音乐等内容，形成了一种崭新的复合性文化，可以对学生的各方面进行审美教育，提升学生的审美意识，熏陶学生的心灵。

总体来讲，体育教学已成为学生健康状况的重要标志，是人类文明的组成部分。体育虽然有一个健康的目标，但更重要的是体育包含着和平、健康的社会性和人性涵养。可见，体育教学不单是蹦、跳、跑而已，它更是德、智、体、美、劳全面发展的重要一面。

第五节　高校体育教学的主体

一、体育教师

（一）体育教师在高校体育教学中的地位

学校教育的根本使命是通过全面的德、智、体发展来提高国民素质，培养建设者和接班人。学校体育的目的是改善学生的身体状况，提升他们的身体素质并促进他们的身心健康。因此，体育教育是学校教育的一个重要组成部分，也是教育政策的重要内容。它促进了德育、智育和美育的发展，同时德育、智育和美育也促进了体育的发展，它们共同组成了学校教育的有机系统。

体育教师是高校体育教学的重要组成部分。体育教师教授体育课，训练不同的运动队，组织日常晨练和课间操以及校外体育活动锻炼，组织校内各种体育竞赛，带队参加各级和校外不同种类的体育竞赛，这些都离不开体育教师的辛勤工作。体育教师是学校体育活动的组织者和领导者，是全体学生健康身体的设计者和造就者。体育教师的工作积极性和素质直接影响到全体学生的锻炼和健康成长，影响到学生能否多方位的发展。从某种意义上说，体育教师在学校中的作用绝非多余，他们的意义和影响力可能比普通文化教师更广泛、更持久。

所以，有必要深刻了解体育教师的作用和重要任务，广泛传播体育教师工作的重要性，大力提倡关爱体育老师，提升和落实体育教师待遇，全面为他们营造优秀的工作环境和生活条件，充分调动体育教师的工作积极性和创新性。

（二）体育教师的工作特点

1. "一育兼一科"的工作广泛性

学校体育活动是德、智、体全面发展的教学活动的重要组成部分，是学校高质量教学的重要组成部分和途径。因而可知，体育教育不但是一门学科，

还是实现教育目标不可轻视的"一育"项目，这使得体育教师工作拥有广泛性的特点。为了完成"一育兼一科"的教学，体育教师不仅需要执行多个班的教学任务，还需要组织校内外的晨练、课外锻炼和校内外的各种竞技活动。

2. 对学生教育影响的全面性

专家们精心挑选了体育教学的教材内容和课外的体育运动项目，这些内容经过长期实践证明对学生具有全面的教育意义，有助于学生身心健康的整体发展。这些项目由体育教师以理性和科学的方式开展，可以培养学生主动服从、爱护集体、团结、关爱和互助的道德素养。参与体育活动和训练是一个战胜磨难，培养意志、个性和情感的过程。

体育教师还可以协助学生在课堂内外养成注重文明的行为和优秀的运动作风，提升他们爱美、欣赏美、表达美的品位和生活态度，主动形成文明、科学、健康的生活方式，他们会在道德、智力、体能、审美上全面发展。

（三）体育教师应具备的条件

1. 高尚的道德品质

人类灵魂的工程师是教师，他们的座右铭是为人师表、爱岗敬业、无私奉献、教书育人。体育教师要有积极的政治思想，强烈的职业意识和责任心，还要有良好的个人素质，严格要求自己，身体力行，衣着整齐大方，行为端正，更要清醒地认识到自己所肩负的"传道、授业、解惑"重任，积极地在品德、技能、人格上自我完善，并潜移默化地去影响学生。

2. 深厚的理论基础与广博的知识面

（1）基础理论知识

体育教学离不开身体运动，如果体育教师不了解运动中身体机能的变化特点和规律，对学生不但起不到锻炼身体、增强体质的教学效果，反而会给他们的身心健康造成不必要的伤害。因此，体育教师只有以深厚的基础理论知识为指导，才能更好地完成教学任务，让学生身心得到更好的锻炼。

（2）专业知识与技能

为了让学生在体育教学中实际学会体育运动的基本知识和技能，培养良好的体育能力，体育教师不仅要明晰体育的定位、基本功能、基础规律和特

点，还要认识我国体育运动的目的和任务、体育教学中的规律、特征、原则、方法和其他理论知识。他们应该学会的专业知识和技能包括各种体育项目的基本理论、动作技巧、战术规则和裁判方法等。因此，体育教师应不断丰富自己的专业知识，并且把新的知识和观点融入教学实践中。

（3）横向学科知识

在人类的不断发展和社会不断进步的背景下，学生的知识的需求变得越来越广，进而推动体育教师要更新自己的知识存储量，拓宽自己的知识视野。只有教学中所需要的知识是不够的，还要学会体育社会学、体育哲学、体育美学、体育人类学、体育行为学、体育史、体育管理学、奥林匹克等相关专业的知识，从而开阔眼界、提升思维。体育教师进行体育教学时，如果能通过使用相关的知识来处理教学问题，学生也会从中收益。

3. 良好的专项技能技术

为了能够真正地推动学生身心健康的发展，让学生全面和谐的发展，体育教师要努力地进行优秀的体育教学、运动锻炼和群众体育工作。体育教师不仅要精通至少一项运动理论和技术技能，还要多努力学会一些娱乐和休闲体育项目。因此，为了满足学校运动队的训练需求和选修课的设置，体育教师不仅需要具备体育技术综合发展方面的专业知识，还需要在专业科目上具有较高的理论水平和丰富的专业知识。

4. 先进的现代教育思想和教育观念

思维和观念表现了一个人的高级心理需求，这不可避免地会产生强烈的内在意志，激发教师全心全意地致力于教学工作。在新时代，体育教师必须有全新的优质教育和终身教育的教学理念、学生理念和人才理念，特别是，有必要从以前的以升学和比赛为目标转向提高所有学生整体素质为目的，从以考试分数、入学率和运动成绩作为考核标准到以学生整体的身体状况发展作为考核标准，从重视优等生，重视知识轻视能力，重视灌输轻视发展，到面向所有学生，提升体育技能，推动学生的生活高质量发展。

5. 全面的专业工作能力

（1）教学能力

这是体育教师执行教学任务的基本能力，也是其综合能力的重要组成部

分。它不仅出现在具体的教学水平上，而且出现在许多领域，如教学计划和决策、教学管理、教学评估等。大致可以概括为：理解和执行课程标准、教学指导方针、学校体育工作条例等文件的能力，制定科学的教学管理措施和方法的能力，客观评估教学效果的能力，创建不同教学文件的能力，选择和开发教材的能力等。

（2）教育能力

作为一名教师，培育学生是其当仁不让的职责。我国的教育一直强调教师应该教书育人和以身作则，而体育教师在这方面负有相关的责任。在各种体育活动中，同学和师生之间经常有接触，无论是在课堂上还是在课外，都有很多体验。在接触的过程中学生的思维和风格是真实的，如果教师能够抓住各种有利的机会，利用教科书的不同教学价值，进行不同的教学方法的教学；采取相应的办法来应对学生在学习过程中的变化，并迅速为学生提供思想道德教育，学生肯定会有意想不到的收获。

（3）训练能力

在良好教学的情况下，体育教师还需要在体育训练的一两个项目中有着扎实的专业知识，才能更好地实践学校的课外训练和对外交流比赛任务。其具体表现为制定和完成训练计划的能力、科学选材和训练的能力、运营代表队和举办比赛的能力等。

（4）运动能力

体育教师的行动能力是其工作的基本能力，它不同于从事自我身体锻炼的普通人的普通运动能力，也不同于职业运动员参加比赛和锻炼时的各种特殊运动能力。它具有对学生群体进行专业教育的特殊能力，能够有机地结合标准化和专业化活动的教学和培训手段，掌握动作的技术环节，及时发现和合理改正错误等。培养和提高这种能力不仅需要不断研究体育技术理论，学习新的技术和动作，还需要在各种教学和训练科目的基础上注重实践积累。

（5）组织能力

除了以上提到的许多技能外，体育教师还应该具备良好的组织能力，这是体育教师利用专业知识和技能为社会服务的具体体现。这种能力包括正确使用队列来组织和执行"两操一课"的能力；可以胜任临场评委工作，开展

和实施达标活动，举办中小型体育赛事的能力。

（6）科研和创新能力

一个科学研究的过程，事实上就是一个教学过程。现代教育要求体育教师不仅要做"教书匠"，还应做对时代有深刻认识的研究型教师，不受自然观和模式的限制，积极探索，勇于发现，敢于探索新领域，在创新中生存和发展。科学研究可以提高教师的专业技能和理论技能，鼓励他们接受新知识和新信息，了解新趋势，站在学科发展的前沿，使体育教育更具创新性、丰富性。科研能力也是衡量优秀体育教师的重要组成部分，只有通过教育研究和教育改革实验才能真正提高教师素质。

（7）社会交往能力

现代社会，人才竞争激烈，机会稍纵即逝。一项调查显示，当代中国名人具有越来越强的自我推销意识，这种意识对他们事业的成功具有很大的帮助。因此，体育教师有必要树立具有时代感的新形象，通过与不同部门人群的交流、沟通，让社会了解体育教师工作的性质和意义，开创学校体育工作的外部条件与环境，展示体育教师各方面的才能。而且，体育工作本身也是一项最具广泛群众基础的工作。学校体育不仅是体育教师的事，而且会与班主任、少先队、共青团、后勤管理等部门发生多种联系；不仅要面向全体学生，也要面向社会，因为广泛的社会接触既有利于对学生的教育，也有利于全民健身计划的实施。

6. 良好的心理品质和强健的体魄

能否完成教育任务取决于教师是否具备优秀的性格特质，其主要内容包括正直、热情、公正、谦卑、善良、团结、和蔼、乐观、宽厚、自制、上进等。教师的性格特质能很大程度上影响学生心理，师生要想在学习上实现共同合作就需要建立良好的师生关系和营造优秀的课堂氛围，这是学生获得最优成绩的主要原因之一。

体育教师要想能够终身可以锻炼，就必须要有优秀的身体素质，这也是实施体育教学、增强运动技能、顺应学校体育工作的必备条件。所以，体育教师一定要重视身体素质。体育教学有一个显著的特征，即直观教学。所谓"百闻不如一见"，体育课上教师给学生做示范是十分重要的，这就需要

体育教师有较好的身体素质与技能基础，能给学生增添信心和力量，加强学生的直观感知和对教师的认同感，进而提高学生的学习兴趣，显著改善上课效果。

二、学生

（一）学生的个性特征

1. 发展中的人

学生是处于发展中的人，具有与成人不同的身体特点和心理特点，有着他们自己特殊的需要和独立发展的方式，教师对待学生不能以成人的标准去要求。并且，学生身心所展现的各种特征都是处在变化之中的，其各个方面的发展都潜藏着极大的可能性。因此，学生最需要接受教育，也最容易接受教育。教师要以发展的眼光辩证地去看待学生，诸如教学目标、教学内容、教学方法等的选择，都要根据学生的身心发展水平来确定。

2. 主体性的人

（1）对教育影响的选择性

教师的教育对学生的影响有很多，学生并不是全盘接受，他们所期望的是教师的教学要最好满足自己的需要、顺应自己的身心发展。所以学生有依据自己的独特想法，积极地或消极地进行选择的权利。

（2）学习的独立性

学生的学习起点、学习的目标与追求、制约学习的个性心理特征等是各不相同的，体育教师在教学中尤其要注意因材施教。

（3）学习的主动性

学生学习行为的主动性和自觉性是主体性在学习中的重要体现，体育教师的教学实践要以学生有意识、主动和自觉的体育活动学习为基础。

（4）学习的创造性

学生要想实施体育教学任务的方式、方法、思路以及对问题的认识等，不需要完全按照教师所传授的内容或方法去执行，这样也许会呈现出相关的创新性和创造性。所以，体育教师要重视和鼓励学生进行创造。

（二）体育教学中实现学生主体地位的基本策略

1. 增强学生的主体意识

在体育教育中，教师应放弃"为教而教"的理念，让学生从被动和静态的学习改变为主动和动态的学习，然后创造出这样一种想法，即只有尊重学生的主体地位，将学习主动权还给学生，才能充分实现他的主体作用。学生的主观意识往往不稳定，一些学生在进行体育运动时缺乏良好的策略和吃苦耐劳的精神。在这个阶段，学生形成了一种消极意识。一些学生最初可能对知识有强烈的渴望，对自己有很高的定位，但在几次练习或比赛后，当他们意识到成绩与目标有距离时，他们可能会情绪低落，并且实现抱负的欲望急剧下降。在这个阶段，教师应该努力从教学的角度引导和激励学生的学习意识，让学生能够从隐藏的发展主体改变为实际的发展主体。教师应及时总结教学经验，向学生介绍体育教育的目标，制订适合学生特点的学习策略，支持学生自觉应对困难，积极参与体育教育，真正成为体育教育的主要组成部分。

2. 启发学生全体参与

没有行动，教学就无法完成教育、教学和发展的任何任务。具体说来，活动的发生机制是：主体—参与—活动。参与已成为目标和活动的焦点，也是开展活动的先决条件。学生对活动的参与态度表明了他对教学活动的态度，这很大程度影响了活动的方向、性质和结果，并决定活动的发起和质量。所以，在体育教学中，有必要提高每个学生的学习兴趣。

3. 关注个体差异与不同需求

体育教学必须充分关注学生的身体状况、爱好、运动技能以及男女学生在不同时期的发展特点和心理状态，并按照这种不同确定学习目标、教学组织形式和灵活的学习内容；让每个学生都能在自己的基础上发展，体会到学习的乐趣，增加学生自信，鼓励他们积极参与体育运动。

4. 改变教学模式

主体性的最高体现是创造性。新课程改革提倡独立、研究和协作的方法，提倡一切教学活动都以学生为中心，一切活动都从学生开始，让学生在独立

学习中培养独立思考的能力，培养在研究性学习中解决问题的能力，提高协作学习中的协作和沟通能力，这样可以鼓励学生充分发展创新思维。通过改变教学形式、调整教学组织形式和更新教学方法，提高学生在体育课堂上的创新能力。

5. 改革学习评价方式

因为遗传和个人因素会显著地影响学生个人的运动能力，在有些情况下，一些学生可以在不用特别努力的情况下就获得"优秀"的评价，而另一些学生则可能在努力学习后得不到"优秀"评价，这样的情况并不能提高学生的学习热情。因此，应建议对学生的发展（进步幅度）进行评价，将重点放在过程评价（学习态度、心理和行为）上，并不再将总结视为唯一的评价方法。学习评价的多样化需要将自我评价、小组评价和教师评价相结合，使学生能够客观地评价自己和他人，使评价过程成为学生学习、体验和发展的过程。

简而言之，以学生为中心的教学理念的确立不仅带来了教学方法的更新，而且改变了学生的内在精神，提高了学生主动学习的意识，培养了他们强烈的求知欲和情感，提高了他们的参与能力。学生学会参与、学习并能够自我评价和提高自己，他们认识到自己是学习的主人，充分激发了他们的学习的主动性、积极性和创造性。

第二章
高校体育教学的理念

体育教育理念的更新与发展是体育教育教学事业发展与完善的重要前提，本章主要从高校体育教学理念概述和高校体育教学理念改革与创新两个方面对高校体育教学的理念进行阐述。

第一节　高校体育教学理念概述

科学的体育教学理论是新时期高校体育教学改革与发展的"指导者"，要想深度优化体育教学，就要充分理解体育教学特点、规律，深刻理解体育教学本质与系统构成。新的体育教学理念从教学观念上为体育教学工作者更深入地认识体育教学提供了理论指导，在新的体育教学理念指导下，体育教学中的很多问题可以得到有效解决，从而促进体育教学的进一步发展与完善。

一、"以人为本"教学理念

（一）"以人为本"教学理念概述

1. "以人为本"基本内涵

（1）我国古代"以人为本"思想

在我国古代有着最早的学校和体育教育，一些思想家所提出的教学思想

与现代"以人为本"教学理念有着相通的思想内涵，只是当时的各种教育教学理念并没有形成一个系统化的理论体系。

早在商周时期，先人就提出了"民本"思想，指出人民是国家的基础，这是我国古代教育家和思想家重视"人"的重要体现。

春秋时期，儒家倡导"仁者爱人""以民为国家之本"等思想，都与"以人为本"教学理念有着密切联系，只是当时对人的关注更多的是政治意义的体现，在教育方面并没有系统地显现出来。

（2）西方早期"以人为本"思想

古希腊时期，"以人为本"的思想雏形就已经出现。这一时期，人们崇尚体育活动，重视人的身体健康发展，关注人本身。

在文艺复兴时期，"尊重人、关注人"的思想得到了广泛推广，神学思想对人身体和欲望的压制受到了质疑，人们重新开始关注自我的健康发展。

19 世纪初，费尔巴哈首次提出"人本主义"，在西方教育中一直影响至今。在"人本主义"思想影响下，西方教学体系发生了重大变革，各种教育活动的开展，教学内容、方式、方法选用，都把促进人的发展放在了首位。

近代以来，随着我国与西方国家接触的不断增多，现代"人本主义"思想传入我国，并在社会各个领域产生了影响。

（3）现代"以人为本"思想内涵解析

自 19 世纪初哲学家费尔巴哈第一次提出了"人本主义"学说以来，"人本主义"思想就引起了人们的重视，并不断有思想家提出新的"人本"观点，丰富"人本主义"学说。

在"人本主义"思想的不断丰富与广泛影响下，西方教学思想在教育领域发起了对教学目的、任务、过程等的讨论，促进了现代体育教育的发展。

在我国体育教育教学领域，"以人为本"教学理念指出，教育应落实到育人和促进人发展上面，这对我国传统体育过度重视竞技体育成绩、用体能训练和技能训练代替体育教学、体育教学重视竞技体育人才培养和为竞技体育运动发展服务等的教学思想进行了否定。

新时期的体育教育坚持"以人为本"教学理念，教育的出发点、中心以及最终归宿都是人，教育的目的是"人的发展"，教育以人为基础和根本。"以人为本"的发展观要求在教育过程中将人的自由、幸福以及终极价值实现重视起来，要求体育教育突破机器的教育模式，真正转变为人的教育。教育是人的自我实现、自我理解以及自我确认的过程，而不是用金钱标准衡量现代人的自我价值和自我尊严。

在新时期中，人类社会协调和可持续发展的基本要求和重要内容就是把"以人为本"的基本发展理念同体育教育相结合。21 世纪的竞争归根结底是人才之间的竞争，而人才的培养是依靠教育来实现的。新时期，各级学校坚持"以人为本"，是学校体育教学发展的必然趋势与必然要求。

2. "以人为本"理论基础

"以人为本"教学理念的提出是在现代"人本主义"教育思想的基础上发展起来的。"人本主义"教育思想的产生，源于对现代科学发展中人对科学产品的使用和在智能化时代发展过程中人的价值丧失的思考。

进入 20 世纪后，随着科学技术的快速发展，科学主义成为当代教育发展的主流。20 世纪 50 年代的教育改革中，各种教学思想、教学观点层出不穷，其中，认知心理学和行为主义中对人性的分析给人们带来困惑，教育工具化，接受教育、获取知识的快乐体验无法得到重视，教育单纯成为人们获得更高技能与认可的一个途径。

也正是在科学技术不断发展的背景下，人类社会的生产生活方式和模式发生了很大的变化。人们依赖科技，也会越来越受制于科技，因此在教育层面，人们也越来越强调"人本主义"。现代"人本主义"强调，应将人类从依赖科技中解放出来，恢复人在世界中的本体地位，而非依附于科技发展。

从社会发展中人的主体地位的体现到教育领域中对作为学习者、施教者的教学活动参与主体"人"的重视，"以人为本"思想在包括教育在内的各个领域得到重视。

教育教学中的以人为本教学理念旨在将教学活动参与者从传统教学中的非人性化的状态中解脱出来，恢复人的教学主体地位，强调了"人"的重要性。在教学中，真正关注教师、学生的自我健康、可持续发展。"人本主义"理论具有以下几个基本观点。

（1）学习者是学习的主体，应受到尊重。

（2）学习是丰满人性的过程，根本目的是人的自我实现。强调教育应促进教学参与者（尤其是学生）人格的完整，促进人的认知与情感的丰富、提高。

（3）人际关系是最有效的学习条件。

（4）"意义学习"是最有效的学习。

3．"以人为本"教学解析

"以人为本"教学理念的核心是教育要提升人的主体地位，"以人为本"实际上就是"以学生为本"，教育应重视学生在教学中的主体地位。教育的"以人为本"，要求教师应尊重、理解、关心和信任学生，发现每一个学生的不同之处和过人之处，关注学生的个性化发展。"以人为本"教学理念是一种以尊重和关怀他人为核心的教学理念，倡导以人为主体，以教育为主体。

综上所述，在"以人为本"的教学理念中，广义的"人"是指学生、教师和教育管理者，狭义的"人"是指学生。教育是培养人的一种活动，"以人为本"中的"人"的最大内涵是学生，教育应以学生的身心健康、全面发展为本。

4．"以人为本"教学观点

（1）教育的目的是促进师生自我价值的实现

首先，在体育教学中，学生的自我价值的实现是要促进学生的身体、心理、智能、社会性等全方位的自我发展，让每一个学生都能通过体育教学有所进步，体育具有多元教育价值，通过体育教学能促进学生的各种素质的综合发展。在"以人为本"的基础性理论人本理论的支持下，体育教育强调了在体育教学中不仅要重视健康知识和运动技能的学习，还要通过科学的体育教学环境创设和教学过程的安排来促进学生的心理、情感、智慧发展，使学生情感和智力有机结合。体育教育的一个重要教学任务就是在体育教学中促进学生的认知与情感的共同进步与发展，通过体育教学，发掘和发挥每一个学生的学习潜能，培养学生在各个方面的创造性。最终培养出来的学生应具有创造意识与能力，这样的人才是社会真正需要的人才。

其次，在体育教学中，教师自我价值的体现最基本的就是能创造性地完成体育教学任务，在教学中实现作为教师这一角色的价值，通过体育教学培养出适合社会发展的合格人才。同时，在体育教学中，通过对体育教学的科学设计与各种丰富多彩的体育教学活动的开展和教学媒体媒介的应用来提高自己的教学能力、组织能力、社交能力、科研能力、创造力等，促进自我综合教学能力和体育素养的不断提高，实现自我职业生涯的不断发展，并能在日常工作和生活中身体力行地从事体育健身锻炼，不断提高自身的身体健康水平，并能对学生和周围的人形成一种潜移默化的影响。

（2）课程安排应尊重学生的自由发展

在人本教育理念产生之前，传统的教育侧重社会价值和工具价值，人本位的思想和观念使得人们认识到了传统工具化教育是对其本质属性的违背，必须认识到，人是教育的出发点，人本教育将教育的重点落实到人身上，关注人的健康成长。在人本教育基础上，我国所提出的素质教育也正是关注人的、以学生为本的一种教育。学生是教学的重要组成部分，在素质教育中，教学应注重培养学生的个性和独立人格。在体育教学中，应注意学生群体和个人的统一和个体发展。在体育教学的帮助下，我们可以激发每个学生的积极性，促进他们每个人的发展。

体育教学所面对的教学对象是人，每一个人都与他人存在个体差异，教育不是为了"批量生产人才"，而是旨在促进每一个人健康全面发展的基础上的个性化发展。因此，体育教学应在统一要求的基础上做到因材施教，教师必须要尽可能实现多种多样、侧重点不同的教学课程设计，使每一个学生都能在体育教学中有所进步与成长。

（3）教学方法选用应重视学生情感体验

"人本主义"教学理论强调"以人为本"，主张教学以学生为中心，实现个性化发展，而学生的这种发展都是从学习经验中体悟和实现的。因此，这就要求体育教学应重视科学化体育教学方法的选择，激发学生的体育学习兴趣，为学生创造良好的学习体验。

在弘扬人的个性，强调以人为中心，尊重人的情感体验的现代体育教学中，体育教师应全面了解学生、充分尊重学生、真正理解和信任学生。在此基础上，教师与学生之间的"高高在上""师命不可违"的关系才能彻底改变，

才有助于教师与学生构建和谐的师生关系，良好师生关系的建立对于体育教学活动的顺利开展具有非常重要的意义。

（二）"以人为本"教学理念的高校体育教学指导

1. 体育教育价值的重新定位

传统体育教学在对育人的认识上存在不少误区。长期以来，人们总是在理解体育科学化的基础上，常常采用生物学的观点来对学校体育的价值作出判断，并且过多地关注学校体育增强体质的功能。此外，一些教师在对体育本质的理解上也有一些错位。例如，在足球教学中，中国体育教科书将其定义为一种由脚控制球，两支球队在同一场地上进攻和防守的体育赛事。针对这一概念，一些老师认为，球是活动比赛的对象，它自然应该处于主导地位，但他们忘记了是人控制着球，人才是所有体育运动中最重要的主体。

在全球化的发展背景下，各种思想文化处在不断的发展和融合之中，教育思想也呈现出这一发展趋势，"人本理论"和"以人为本"教育理念的提出体现了当代社会对人发展的重视。在体育教育教学领域，当前的学校体育更加强调人性的回归，学校体育的根本出发点和落脚点应是育人。

现代高校体育教学中，"以人为本"的教学理念是符合当前时代发展要求的。当前，人的发展在社会的各个领域受到了重视，即使是在智能化时代，很多机器生产代替了人工生产，但是发明机器、操控机器的还是人，人在人类社会的发展中是起到关键作用的，任何时候都不能忽视人的作用。

"人本主义"教学理念与思想指导下的体育教学，就是要求教育者在体育教学活动开展过程中关注作为教学对象的学生这一因素，教师的教学活动开展需要学生的参与、配合。如果没有学生的参与，则教学活动就没有开展的意义了。

必须提出的是，教师也是教学活动中非常重要的参与方，应该受到关注，体育教师在教学活动中所发挥的作用不容忽视。

现阶段，我国的体育教学思想呈现出多元化的发展趋势，诸多教学思想都围绕"人"的教育展开，讨论了体育教学如何更好地促进和实现"人"的发展。

2. 体育教学目标的重构

在我国，传统的学校体育教学的目标是增强学生体质，体育教学过于功利化，过于追求竞技成绩和金牌数量，这些都忽视了学生的健康发展，不利于学生的健康可持续发展的同时也不利于整个教学的可持续发展。

随着体育教学的不断发展，新的科学化的教学理论、教学理念给了体育教育工作者更多的教育启发与指导，体育教学的育人作用被不断丰富和发展，多元化的学校体育价值体系对体育教学目标重构提出了要求。

新时期，"以人为本"教育理念在学校不同学科的教学中广泛应用，也有越来越多的学者认识到传统的体育教育体制不再适合当前的体育教育教学，不能只单纯追求学生的技能水平，更应该重视学生的可持续发展。新时期的体育教学的重点转移到"以人为主"上，在体育教学中，教师必须认识到，人是运动的参与者，是运动的主体，体育运动的教学和训练也必须以促进人的全面发展为根本目标。

3. 学生教学主体观的建立

现阶段，"以人为本"教学理念成为我国体育教学的重要教学理念，我国的体育教学实践活动开展过程中，越来越多的教师开始关注学生，从学生的特点、条件、基础和学习需要出发来选择教学内容、教学方法、教学组织形式与教学模式。高校体育更多地以选修课形式设置，不同教师之间也正是通过个人教学能力、对学生的"因材施教"、关爱学生、理解学生获得学生喜欢，以此来促进更多的学生选修自己的体育课程。

总之，学生是教学的主体，没有学生，教学也就不会存在。

4. 体育课程内容的优选

传统体育教学对学生的全面健康发展关注不够，体育教学课程内容主要是竞技体育运动技能，体育教学课通常被体能训练课、技能训练课代替。新时期的"以人为本"教学理念重视学生的全面、健康、个性化发展，在体育教学内容选择上也更加科学。

在"以人为本"教学理念指导下，我国的体育教学有了很大的进步与发展、为了进一步促进我国体育教学的改革，教育部门先后修订各级学校体育教学大纲，强调在体育教学中要不断丰富体育教学内容，通过多样化教学内

容促进学生的身心健康与全面发展。高校体育教学中，教学活动开展也建立在健康第一教学理念的基础上进行，通过丰富的体育教学内容来吸引学生参与体育锻炼，通过体育教学促进学生身心健康发展，而非传统体育教学中只关注竞技能力提高，有时为达到竞技力提高的目的，甚至安排不合理的教学内容，这会对学生身心健康造成损害，这种行为是"健康第一"教学理念坚决禁止的。

此外，在丰富高校体育教学内容的同时，"以人为本"教学理念还强调体育教学内容与不同大学生的发展需求的相适应，在体育教学内容优选中应注意以下几点要求。

（1）突出体育教学内容的趣味性。在课程改革过程中，激发学生学习的兴趣。

（2）强调体育教学内容的健身性。过度强调竞技提高的体育教学内容予以摒弃或改编，使之能更好地为促进高校大学生的身体健康服务。

（3）重视体育教学内容的适用性。体育教学内容的教学实施应有利于学生的身体健康发展，并能为高校大学生的终身体育意识和体育能力的培养奠定基础。

（4）关注体育教学内容的创新性。高校体育教学内容还应适应现代化社会发展潮流，应具有启发性、创新性。

二、"健康第一"教学理念

（一）"健康第一"教学理念概述

1. "健康第一"教学理念提出背景

在我国，"健康第一"的教学理念的提出最早可以追溯到 1950 年，其旨在改变当时学生负担太重、健康水平日益下降的状况。

中华人民共和国成立后，我国各方面的恢复与发展都逐渐走向正规，由于缺乏经验，各项事业的发展过程中都或多或少地走了一些弯路。在高校体育教学的发展过程中，我国先后开展了体育教育领域改革的思考与讨论，提出了许多创新性教学理念、方法，如国民素质教育、国民体质教育、青少年

儿童健康教育。随后不久，我国在体育教育领域就确定了"健康第一"的体育教学理念，否定了之前的"以劳动代替体育教育""追求金牌数量"的体育教育理念。

1990 年 6 月，教育部和卫生部首次联合颁发《学校卫生工作条例》，健康教育依法纳入学校体育教学。改革开放以后，西方先进体育教学理论与思想传入我国，我国"健康第一"的教学理念更加受到肯定。

随着我国体育教育研究不断加深，20 世纪 90 年代，"健康第一"教学理念的内涵得到了进一步丰富。这一时期的"健康第一"主要是对"素质教育"的诉求，它与"以学生为本"的教学理念有机结合，旨在培养高素质全面发展人才，实现学生个人发展需要与社会发展需要的有机统一。

21 世纪以来，关注人的健康教育成为新时期高校体育教育的关注重点，我国更加重视学生在体育教学中的全面健康发展。目前"健康第一"是现阶段体育教学的一个重要教学理念，我国学校体育的指导思想是"健身育人"，体育运动教学应将促进学生的身体健康发展放在首位，突显了体育教育本质。

2016 年，国务院印发《关于强化学校体育促进学生身心健康全面发展的意见》，首次把学校体育与健康中国、中国梦紧密结合起来，指出"学生体质健康水平仍是学生素质的明显短板"[①]。高校体育作为体育教育的一个重要教育构成，在促进我国学生体育健康教育，以及加强健康中国建设方面发挥着重要的作用。"健康第一"教育理念在高校体育教学中发挥着重要作用。

2."健康第一"理论依据

"健康第一"教学理念的提出是符合世界教育发展趋势和社会对人才的发展要求的。

（1）世界范围内对人类健康发展的重视

在人类社会的发展历程中，健康始终是一个备受关注的问题，人类健康是推动人类社会发展的一个必要条件。

世界范围内各国开始普遍性关注社会健康、大众健康是在 20 世纪 50 年代。第二次世界大战以后，各国经济逐渐恢复，各方面的发展促进了各个国

---

① 国务院办公厅关于强化学校体育促进学生身心健康全面发展的意见 [J].中华人民共和国教育部公报，2016（6）：8-12.

家和地区对本国家和地区人们健康的重视，大众健康逐渐走入公众视野。同时，教育领域关注学生健康也成为国际体育教育的发展潮流。

1948 年，公众健康问题在世界范围内广受重视，世界卫生组织提出现代健康新理念，为适应世界发展趋势，我国也开始关注大众健康教育、学校体育教育，并提出了"健康第一"的探讨教育教学指导思想。

各国和各地区都非常重视本国和本地区的大众健康发展，整个社会已对体育的功能、价值等方面形成了全新的认识。在教育领域，重视学生的健康，成为各个国家和地区重视本国体育事业和教育事业发展的一个重中之重的工作，体育健康教育对增强青少年体质健康水平和通过青少年群体影响周围群众健康，间接影响社会大众健康，具有重要而深远的影响。

在全世界都强调素质教育的大背景下，2005 年国务院公布《关于深化教育改革全面推进素质教育的决定》，"健康第一"教学理念由此成为我国高校体育教育指导理念。

（2）社会发展对人才健康发展的客观要求

随着科学科技的不断进步、经济的迅速发展、社会生活节奏日益加快，人类的体力劳动越来越少了，长时间伏案工作所造成的运动不足、肌肉紧张，严重影响了人们的身体健康。基于社会压力所产生的各种心理疾病，严重影响了人们的心理健康；社会功利化发展，过多的利益争夺对人们的社会性发展也产生了不良影响。诸多健康问题困扰着个人的发展和整个社会的健康发展。

从 20 世纪 90 年代开始，人类疾病死亡原因发生了本质的变化，不良的生活方式成为人类死亡的重要诱因。健康问题成为一个社会发展问题，人们充分认识到了健康的重要性。在教育领域，学生的健康问题同样引起了关注。

进入 21 世纪以后，"全民健身"和"青少年体质健康"问题更大范围地走进我国国民的生活视野，大众体育健身、体育健康教育成为人们阻挡"办公室疾病""肌肉饥饿与运动不足病"的重要良方和强大武器。

在当前和未来社会的发展过程中，健康问题将始终是影响个人和社会发展的首要问题。社会的快速发展与激烈竞争要求现代人才不仅要有正确的政治思想，扎实的科学知识，还必须具备强健的体魄。身体是革命的本钱，身

体健康是个体生活、学习、工作的基础。如果没有一个健康的身体，就很难在社会竞争中占据优势。

教育的最终目的是促进个人的健康发展，培养符合社会发展的合格人才，对学生群体的身体健康教育是体育健康教育的重中之重。

3."健康第一"教育特点

"健康第一"教育理念内涵丰富，其在体育教学实践中表现出以下特点。

（1）强调身体健康是健康的基础

"健康第一"，其中所提到的"健康"是全面的健康，是包括身体健康、心理健康、社会健康、生殖健康等在内的多维健康。健康的基础是身体健康，健康的体魄是人类发展的基本标志。

（2）强调多元健康发展的素质教育

"健康第一"作为现阶段重要的教育理念的提出，强调体育教育应重视学生的健康发展，指出学校教育教学的首要目标是促进学生的健康成长，学生的身心健康比"卷面分数""升学率"更为重要。

（3）强调健康教育的全面性

在"健康第一"思想指导下，高校体育教学应时刻关注学生各方面健康的综合发展。通过体育教学，关注和促进学生的身体健康发展，也促进学生的心理和社会性的发展，为学生奠定良好的身体基础、心理基础，并能在走出校园走进社会之后能良好的身心状态应对生活、工作中的各种挑战。

① 学生心理健康教育

现代社会竞争日益加剧，各种社会竞争要求社会生活中的每一个成员都应具备良好的心理素质，如此才能正确地看待学习、生活、升学、就业、恋爱、婚姻等过程中的各种问题。当前，就我国高校大学生群体而言，许多大学生都深受学业、就业、生活中各种问题的困扰，都存在不同程度的心理问题。因此，关注学生心理健康非常必要。体育具有促进运动者健康心理形成和发展的重要作用，现在大学生压力大，也容易受不良因素影响，高校应通过体育教学活动促进大学生心理健康发展。

② 学生社会性发展教育

体育是一种独特的教育形式，学校体育教育可促进学生的社会性发展，

应该在教学中有意识地培养学生的人际交往能力、竞争与合作能力。

（二）"健康第一"教学理念的高校体育教学指导

1. 树立体育教育新观念

"健康第一"教学理念对我国体育教育最重要的影响就是教育重点和方向的转变。新时期下，贯彻"健康第一"教学理念，就必须转变体育教育观念，改变竞技性体育教育，关注学生身心健康。应该把教育的重心从单纯地追求体育的技能水平向追求学生的全面发展转移。

现阶段，社会发展对人才的要求是全面的，一名合格的社会人才应该是健康发展的人才，身体健康、心理健康、社会性健康等缺一不可。

2. 明确体育健康教学目标

在当前的体育教育教学实践中，"育人"是学校体育教学工作的最根本目标，技术教育和体制教育并不能完全作为学校体育实践的重心。"健康第一"的教育理念为促进我国高校体育目标多样性、多层次的建构提出了新的要求，具体如下。

（1）高校体育教育要重视提升学生的体育文化知识水平，增强学生体育文化素质。

（2）高校体育教育应充分融合健康、卫生、保健、美育等多种教育内容，通过内容全面的体育教育来培养学生健康的体育意识、健康的娱乐休闲习惯，远离可能影响个人身体健康的一切不健康因素。

（3）高校体育教育工作的开展，应紧密结合学生身体发育与生活实际，使学生学会自我保护，预防疾病发生。

（4）高校体育教育应重视大学生青春期教育和心理健康教育，为学生在特殊时期的健康成长提供科学指导。

3. 完善体育教学课程体系

深化高校体育教学课程体系改革是促进高校体育教学发展的一个重要途径。新时期下，要贯彻落实"健康第一"体育教学理念，就必须在体育教学课程体系建设方面做好工作，不断丰富体育教学课程体系内容，以更好地满足当前高校大学生的多元化、个性化的体育健康发展需求。

在"健康第一"教育理念影响下，我国的高校体育教学课程现状发生了很大的改变，如体育课程内容的增加、教学方法的不断丰富、学校体育课内与课外活动的有机结合、体育选修课越来越考虑大学生的学习爱好与需要、体育课程与内容设置针对不同专业学生凸显出了不同特点等。

现阶段，要继续贯彻"健康第一"教学理念，建设更加完善的体育教学课程体系，应做好以下工作。

（1）在高校体育教学中，应始终坚持以学生为主体，将学生的身心健康发展放在首位，所有教学活动的开展都应围绕促进学生的健康发展服务。

（2）调整体育教学内容，充分了解学生的特点和需求，对体育教学大纲所规定的内容进行科学选择，对与本校实际教学情况和本校学生不适合的教学内容进行调整，使体育教学内容能更好地从理论落实到教学活动实践中。

（3）丰富体育教学内容，运用大量的体育教学内容吸引高校学生参与。

（4）重视教学内容的因地制宜，根据本地区气候、资源以及学校自身教学特点来进行特色化的体育教学课程设置，并研究推出更能反映本校学生健康发展的健康监测内容与标准。

（5）重视高校大学生课内体育教育与课外体育活动的有机结合，加强体育课对学生的教育意义和提高学生对体育课的兴趣，并使学生养成科学合理的作息习惯、健身习惯，在课余时间也能科学健身，保持健康的生活方式。

4. 重视体育教学方法优化

体育教学效果如何受到体育教学方法的影响。在高校体育教学中，有很多体育教学方法可以供教师进行选择，不同的体育教学方法有不同的特点，同一种体育教学内容可通过多种教学方法来展现给学生。体育教师应该确定哪种教学方法最适合学生，这有助于最大程度地优化教学方法，提高教学效果。

5. 教学评价体系的完善

在"健康第一"理念的影响下，体育教学的评价应以学生的体质增强和身心健康发展为重要指标。

"健康第一"教学理念指导下的高校体育教学评价体系的科学化构建与完善，具体要求如下。

（1）对学生的全面评价中，要对多方面的教学效果进行量化分析，并且将定性评价和定量评价相结合，提高教学评价的科学性，促进学生更好地认识自身的不足。

（2）对学生的全面评价中，要做到评价内容的全面、评价指标的全面、评价方法的全面。

（3）体育教学不仅注重对学生进行全面的评价，还注重对教师教学的评价。

三、终身体育教学理念

（一）终身体育教学理念概述

1. 终身体育基本内涵

终身体育教育思想的形成是人类自身和社会发展的必然，终身体育包括两个方面的内容：一是终身教育贯彻人的一生，从出生开始一直延续到生命的结束。在人的一生中，都应养成参加体育锻炼的习惯，体育是日常生活的重要组成部分。二是终身体育是科学的体育教育，在人一生中的不同阶段，都有正确的价值观念来指导和引导个体参加体育活动，并通过体育活动的参加实现身体的健康发展，终身受益。

具体可以从以下几方面来理解终身体育：一是时间方面，贯穿于人的一生；二是内容方面，项目丰富多样，选择性强；三是人员方面，面向社会全体民众；四是教育方面，旨在提高全民体质健康水平。

学校终身体育教学思想的树立和形成能有效促进我国体育教学的发展，是所有运动项目的体育教学都应该树立的一个正确教学思想和观念。

要切实推动终身体育教育理念在高校的贯彻落实，教师在推动终身体育教育思想的落实方面具有非常重要的责任与作用。调查发现，在学生对于体育运动的参与方面，有很多学生受到教师的影响，特别是教师业务水平的影响，教师应在教学中和课堂外都提倡学生积极参与体育锻炼。

在体育课堂教学中，教师应关注学生终身体育意识和能力培养，不能只关注和过于重视技术、技能教学。

在体育课堂外，教师可以组织学生开展各种体育活动、体育游戏，对高校大学生体育俱乐部活动的开展，教师应鼓励，并给出指导性意见和建议。

2. 终身体育思想特征

（1）体育锻炼时间的终身性

终身体育是一种先进的教育理念，其最为重要的一点就是它可以令个体受益一生。

从教育功能作用于个体的影响来看，终身体育突破了传统学校的过分强调学习和掌握运动技能的观念，打破了传统的体育教学把人接受体育教育的时间仅仅局限在学校学习期间，而是将体育教育时间大大延长，囊括了人的一生。

终身体育教育理念强调体育教学应符合学生生长发育、心理健康发育的客观规律，以及健身的长久性，注重培养学生对体育的爱好、兴趣，养成锻炼的习惯和能力，强调终身体育，终身参与、终身受益。

（2）体育锻炼群体的全民性

终身体育面向的对象指接受终身体育理念的所有人，每一个社会成员都应该积极参与。终身体育是面向全体社会成员的，从学生在学校体育教学中逐渐培养起体育锻炼意识到走出校门、走进社会之后能持续参与体育锻炼，为以后的整个人生参与体育锻炼奠定良好的基础。因此，终身体育教育的主体并不局限于在校学生，而是面向所有民众，应做到全民积极、主动参与。

（3）体育锻炼目的的实效性

终身体育以适应个人发展和社会发展为根本着眼点，因此，终身体育参与必须做到因地制宜、因人而异，不同的人应结合自己实际情况选择具体锻炼的内容、方式、方法等，同时应融入日常的生活、学习、工作中。

在现代社会生活中，人们为了改善自己的生活质量，根据自身条件合理选择适合自己的体育方式，做到有的放矢，具有较强的针对性和实效性。

在高校体育教育教学中，体育教学的内容选择、方法运用都应为提高学生的体育知识、体育技能服务，不断提高学生的终身体育意识和终身体育能力。如此，在大学生毕业进入社会后，也能持续参与体育健身锻炼。

3. 终身体育与体育教育

（1）终身体育与学校体育的相同点

① 共同的体育目标——育人

体育有着多方面的教育价值，从终身体育参与到体育教育的体育活动参与，它们的最终目标都是为了让运动者实现体育、智育、德育、美育等多方面的教育价值的发展。

健康的身体是其他健康的前提条件，学校体育教学就是要培养学生的终身体育意识与能力，为更好地实现个人价值和社会价值奠定健康基础。

② 共同的体育手段——健身

终身体育活动参与和体育教育都是通过体育运动健身参与来实现体育教育价值的，最终的个体行为也都落实在体育健身活动上面。终身体育强调个体应养成终身参与体育锻炼的习惯，在人生的每一个阶段都积极参与体育健身锻炼。体育教学以学生的身体练习为主要教学手段，通过身体活动促进身心、社会性全面发展。

③ 共同的体育任务——掌握体育知识，提高运动能力

个体的终身体育健康参与，离不开科学体育知识作指导，离不开体育健身锻炼实践活动参与，而同时，体育知识与体育技能的掌握，也是高校体育教学的重要任务。只有掌握这两方面的内容，才能更加科学地去从事体育健身实践活动，才能通过身体力行的体育活动参与，实现运动者的身心健康全面发展。

（2）终身体育与学校体育的区别

① 体育参与时限不同

终身体育贯穿人的一生，学校体育只负责学生在校期间的体育教育。

② 体育教育对象不同

终身体育以全社会所有成员为教育对象，学校体育以在校学生为教育对象。

（二）终身体育教学理念的高校体育教学指导

1. 转变传统体育教学思想

终身体育教学思想指导下的高校体育教学，应该在体育教学内容、体育

教学方法、体育教学评价等各方面都要做到以培养和提高学生的体育终身意识和能力为标准。通过与学生日常生活、学习、工作关系更密切、关联程度更大的体育项目教学，培养学生的运动习惯，而不是仅仅关注学生的运动技能掌握情况。

高校体育教育教学过程中，教师应将体育教学达标的制订从单纯和过度关注技能指标的思想观念中解放出来。关注学生的体育价值观、体育态度、体育意识、体育行为习惯，如此才能真正有针对性地开展体育教学，才能真正实现终身体育教育。高校体育教学改革的指导思想是终身体育的教学理念，同样也是高校体育教学发展的最终目标。

2. 重视学生终身体育意识的培养

个体的体育活动参与行为的实现，必须建立在对终身体育教育理念有一个正确认识的基础上，终身体育意识是高校大学生主动进行体育学习、体育参与的重要内部驱动力。

当前社会，社会节奏快、生活压力大，每一个人都面临着各种各样的生理和心理负担，要获得高质量的生活，就必须确保身心健康发展。体育运动能有效促进运动者的身心保持良好的状态，终身体育对于学生的身心素质发展促进具有重要作用。学生走进社会之后，在社会上面临的各种压力并不比学生时代少，甚至要更多，体育健身锻炼是一个身心压力释放、身心健康状态重塑的过程，对运动者保持良好身心状态迎接生活、学习、工作挑战是非常重要的，可以有效提高个人生活质量，提高学习、工作效率。体育活动参与对于个人的社会性发展是具有重要的促进作用，大学生坚持体育健身锻炼，能有效增强身心适应能力，可以在毕业步入社会后更好地适应社会，提高自己的抗击压力的能力。

现代高校体育教学实践中，要培养学生的终身体育意识，要求教师应做好以下几方面工作。

（1）引导学生树立正确体育价值观。

（2）端正体育学习态度。

（3）将素质、技能、知识、能力等教育内容渗透到终身体育教育中。

（4）通过体育教学丰富学生的体育知识、体育技能，提高终身体育参与

能力，为终身体育锻炼奠定基础。

3. 丰富终身体育教学内容的设置

学生的个体差异性决定了学生的体育兴趣爱好不同、适合从事的体育运动项目不同、渴望学习的体育运动知识与技能（水平）不同，因此，在高校体育教学中，不能只追求学生某一特定的运动技能和运动的熟练程度，而是要重视不同学生的不同体育发展需求，尽可能地丰富体育教学内容，使体育教学内容项目、层次多样化。终身体育教学理念指导下的体育教学内容教学工作要求如下。

（1）延伸与拓展学校体育课堂教育，使学校体育向终身体育延伸。

（2）不同教学内容的课程目标设置应在充分了解与分析学生现状的基础上进行，以终身体育教学目标为导向，组织体育教学。

（3）选用体育课程内容时，应重视对休闲体育项目、时尚体育项目的引进，开展能够激发学生体育兴趣和潜能的体育活动。

4. 关注学生需求与社会需求的统一

终身体育旨在为学生提供一种健康的生活态度与生活方式，对于任何人来说，身体健康都是个体适应现代社会生活、工作、发展的必要条件。

高校体育教育的终身体育教育理念的贯彻，就是要在培养符合社会发展的合格人才的基础上，促进学生的个性化发展，实现学生的社会价值与个人价值的共同发展。高校终身体育教育对学生需求与社会需求统一性的实现，要求应做好以下工作。

（1）重视国家需要、社会需要与学生个体需要的有机结合。

（2）明确学生个体需要与社会需要的彼此地位，这是正确处理学校体育发展与社会需要适配性的关键问题。

（3）重视体育教育的健身价值与人文价值的实现，重视体育知识、体育技能、体育习惯的共同培养。

（4）围绕学生开展体育教学，充分满足学生的学习和发展需求。

（5）全面提高大学生的体育素养，以符合社会发展对人才的体质、体能、知识、精神、道德要求。

终身体育教育有四个支柱，即学会认知、学会做事、学会生活、学会生

存，但应充分考虑终身体育与"以人为本""健康第一"的有机结合。

第二节　高校体育教学理念改革与创新

一、高校体育教育理念改革发展的突破点

（一）正视多元体育教学理念的存在与发展

人类社会的发展过程中，随着人的认知不断深入与发展，许多新的观点和理念不断提出，在包括体育在内的教育领域，教育理念与观点的发展也是如此。在体育教学的发展过程中，不同的体育教学理念之间，既有相同之处，又有相互对立和矛盾的地方，但正是因为有这些争论与矛盾的存在，才使得体育教学理念能够不断发展，不断突破，更具活力。

现阶段，我国体育教育理念的改革与突破应建立在充分借鉴多元体育教育理念的基础之上，更加突出具有现实意义的思想理论的重要性，使这部分理论进一步发展壮大，以不断丰富当前适合我国高校体育教育国情的体育教育理念体系。

（二）结合体育教育理念的特点、规律和趋势推动改革与发展

一般来说，当一个教育现象和问题出现之后，会引起相关学者的关注与研究，并据此提出一些观点与看法，最终形成一种新的观念。从这一思想发展规律可以充分认定，体育教学理念具有一定的滞后性，因此要对社会的需求及时加以预测，及早对高校体育教育教学理念进行改善。

现阶段，我国经济发展迅速，人们生活条件在不断改善，因此逐渐拥有了更高层次的需求。随着社会的不断进步与发展，教育越来越受到重视。

随着我国高校体育教育教学改革的日益深入，越来越多的人逐渐认识到不能再单纯地将教育结果、知识传授看作是教育的一切，不再单纯对社会和集体进行高度关注，而开始将关注焦点转移到"人"身上。我们要提倡一种

能够服务于人的全面发展的有价值的教育理念，而且该理念应该关注社会上每个个体的发展。

现阶段，我国教学改革的重要方向之一，就是对人性化教育、人本化教育与教育的意义与价值方面的改革。"人本"强调人的全面发展和自我实现，它对学生的自我体验是高度重视的。体育的过程是培养学生的社会性活动的过程，在这一过程中，人既是教育的出发点也是最终的归宿点。如果教育缺少了对人的社会性的培养，则其就失去了其所具有的独立存在的价值和本质特征。

（三）根据体育教育理念的发展影响因素促进改革与发展

高校体育教学理念在不同的时期会表现出不同的特点，这与人的认知与社会客观发展环境有关。确切地说，理念是一定历史时期的产物，不同的历史因素必然会对其产生、发展及变化造成影响。

高校体育的发展受到各方面因素的影响，在体育文化现象发展基础之上的体育理念也受到这些因素的影响。体育文化与社会经济的发展有密切的关系，并受社会经济发展的影响。在现代，经济比较落后的国家的运动员只能在简陋的条件下进行训练，其训练效果是不可能与经济发达国家的运动员相比的，科学技术的发展也对高校体育的发展产生极为重要的影响。从某种意义上说，现代体育尤其是竞技体育运动的发展，已经逐渐演变成为一场科技战争。体育运动发展过程中每一次纪录的产生，都包含诸多的科技要素。

在各个层面对体育产生重要影响的大背景下，必须要及时防止体育教学理念受到上述这些因素的不良影响，同时将这些影响因素中的有利因素充分利用起来，使其推动体育教学理念的发展。高校体育教学理念的发展会受到社会因素的影响，所以我们要不断对新的社会需求进行探索与分析，并据此来加强对教学思想的改善，同时进一步引导社会的健康发展。例如，利用政策颁布一些有意义的体育教学法规，贯彻落实高校体育教学理念。

除了上述几个影响因素以外，理论发展因素也会影响高校体育教学理念的发展。针对这一点，必须要对体育学科理论不断进行研究，使体育理论不断丰富和完善，从而推进高校体育教学理念的发展。同时，还应对相关学科

和国外体育理论的发展予以关注，将有益的思想积极引进高校体育教育中来，以不断促进我国体育教育理念与教育事业的发展。

二、高校体育教育理念改革发展的方向

（一）层次性和延续性

新时期下，各种体育教育理念与体育教学思想不断涌现，这些不同的教育理念与教学思想都在不同程度上推动了体育教学的发展，为体育教学的改革指明了方向，使体育教学改革步伐不断加快，促进了体育教学质量的提高。

就体育教育教学实践来说，教学对象是体育教育发展改革应该重点关注的对象，而不同年龄段的学生，他们之间在很多方面都存在着显著的差异，所以从教学指导思想在教学实践中的运用可以看出，体育教学理念表现在各年龄阶段体育教学重点倾向性相似，教材的处理、教法的选用和组织安排不符合学生的身心特点及地区特点等，都对高校体育教育改革进程造成了一定程度的制约。

新时期的体育教育改革应该重视学生的长期、可持续发展，在教育理念上，要重视教育的层次性与各阶段的延续性，通过体育教学的科学组织与实施，结合不同年龄段学生的特点为依据对相应的体育教学指导思想进行构建，使之具有鲜明的层次性，以科学把握教学改革目标和教学改革方向，进一步优化教学改革进程控制，不断促进高校体育教育育人的效果。

（二）人文教育和科学发展观

在我国素质教育改革的推动下，我国高校体育教学理念从唯"生物体育观"转向了"三维体育观"（由生物、心理、社会因素构成），这就使得体育在健身、竞技、娱乐、文化和社会等方面的功能得到了进一步的拓展，使我国体育教学在传授"三基"、增强学生体质的同时朝着多元化的目标和功能方向发展。

在充分借鉴和引进休闲体育思想、快乐体育思想、终身体育思想等的基础上，我国体育教学理念得到了进一步发展。此外，在 2008 年北京奥运会成

功举办后，人文奥运理念已深入人心，在一定程度上，奥林匹克运动也对我国学校体育的发展产生了重大的影响，未来学校体育会向着以人为本的方向迈进和发展，会更加重视学生的需要和全面发展，以人文体育观为核心的教学思想将会在体育教学中发挥更大的价值。

新时期的高校体育教育理念应将重点放在学生综合素质教育、培养优质人才和促进人才的科学发展这几个方面。一方面，在现代学校体育教学改革发展形势下，体育教育只有改变以往的培养知识型人才，转向培养创造型人才，树立全面育人的教育观念和意识，着重培养和提高学校学生的综合素质和能力，才能够最终实现素质教育的目标。另一方面，应不断强调教育的育人作用，通过体育教育促进现代人才的培养与科学、可持续发展。使学生在校期间能接受正确的体育观念的教育，使学生得到锻炼身体能力的培养，让他们对体育运动对人体短期、长期的各种影响有一个深刻的认识。在观念上让学生把参与体育作为一种自觉的行为，作为现代社会人才的一种基本素质，进行培养与提高。

（三）教育理念的综合化

21 世纪以来，我国学校教育发展迅速，高校体育教育也要适应新时代的发展潮流，不断革新观念，以科学的、合理的、人性化的教育观念促进学校体育的发展，让学生在"健康第一"理念的指导下，获得身心的全面健康发展。

当前，素质教育是一种发展中的新的教育理念，它具有非常丰富的内涵。现阶段，我国素质教育还处于发展探索阶段，人们试图通过不同的途径，采用不同的教育理念去对体育教学实践进行指导，以使体育素质教育获得新的发展。

随着素质教育的不断推进，迫切需要从其他相关理论中对"合理内核"加以汲取和吸收，以不断丰富和完善素质教育理论体系。体育是教育的重要组成部分，其服务于人的全面教育，所以在学校体育教学中，应顺应素质教育的潮流，确立"健康第一"终身体育与素质教育相结合的体育教学理念。在体育教学中，要始终将"健康第一"终身体育的指导地位放在首位，这两

个教育理念的作用和价值是不可轻易动摇的。只有充分认识到这一点，才能进一步深化素质教育改革。总的来讲，素质教育离不开"健康第一"终身体育，前者是后者的发展基础，后者是前者的发展要求。

三、高校体育教育理念的科学创新策略

思想对个体的行为具有重要影响。传统体育要想在学校体育教学中获得根本上的进步，必须要转变教学思想与教学理念。实践表明，只有在思想理念上作出创新，才能推动传统体育教学的改革，转变教学中不利于体育运动发展的一切困难与阻力因素。随着我国素质教育深入发展创新，我国高校体育教育的理性思考是学生及时掌握运动技巧和运动技能的重要途径，也是培养学生积极向上的人生观、价值观的重要策略。现阶段，实现体育教育理念的科学创新，应从以下几方面进行。

（一）更新传统体育教学理念

我国体育教育具有悠久的历史，在漫长的发展过程中，教育理念的发展几经变化，在不同的时期都对体育教学的发展起到了重要作用。在传统体育教学发展和改革的过程中，生物体育观是其基础。在新的历史时期我国在人文体育观念的影响下，在教学改革中出现了学习领域目标、课程目标等一些新的概念。在教学过程中，对教学目标也进行了多方面的层次和类别划分，确立了身体健康、运动技能、心理健康和社会适应等立体化的多维健康的教育教学目标。

随着我国体育教育教学的不断发展，在我国改革开放社会经济转型的时期，素质教育被提上日程。在开展大学管理、教学等方面的活动时，处处体现着人文关怀的印记。在教学过程中，将其他所需要达到的目标穿插其中，从而让教学环境变得更加生动，学生的体育学习和参与兴趣的积极性不断提高。

在新时代，体育的概念也应该发生改变，从终身体育的概念出发，我们对体育的理解水平应该从低到高、从封闭到开放、从个体到全能、从局部到整体。在创新教育理念的引领下，必须重视教育理念的创新性和时代性，从

提高创新素质、塑造创新人格、培养创新人才入手，理性认识和评价体育运动的规律和特点，使体育运动的理念和思想更加系统、具有指导性、现代性和创新性。

（二）融合多元体育教学理念

在体育教育的发展过程中，诸多体育教育教学理念被先后提出，这些体育教育理念并非都是先进的教育理念，有些教育理念只在特定的历史时期对体育教育起到重要的推动作用。全球化背景下，各种思想文化处在不断的发展和融合之中，教育思想也呈现出这一发展趋势。随着我国改革开放程度的深入，我国的学校体育教学思想呈现出多元化的发展趋势。

随着社会和时代的变革，不同教育理念对体育教育的指导作用也会表现出不同的促进或者阻碍，对此应科学分析、批判、继承与发展。

从国外教育理念的发展来看，以科学主义教育思想与"人本主义"教育思想发展为例，科学主义教育思想对经济社会的发展具有重要的促进作用，符合社会发展的主流势，随着教育价值多元性逐渐被人们深刻的认识，"人本主义"教育思想逐渐呈现出与科学主义教育思想相融合的趋势，现代"人本主义"教育思想得以确立。其关注学生的健康全面发展，值得在新时期的高校体育教育改革与发展过程中进行思考与科学教育实践指导。

从国内外教育理念的不同来看，受多方面因素的影响，国外与我国体育教学思想之间存在着较大的差异性。因此，比较与融合中外不同的体育教学思想，指出二者之间的差异性非常有必要。通过对比，我们既要吸收外国体育教学思想中优秀的部分，又要摒弃其糟粕；既要总结我国体育教学优秀的思想，也要放弃不合时代的内容。同时，还要比较中外文化背景差异性，比较中外体育教学思想的共性与差异性，从共性中寻找结合点，从差异性中寻觅不同的功能，把中外体育教学思想有效地整合起来，进一步完善我国体育教育理念的内容，从而促进我国高校体育教学的不断发展。

（三）体育知识（技能）教育与文化（人文）教育的整合

体育知识（技能）教育是以体育知识（技能）为本或为中心的体育教育；

体育文化（人文）教育是一种从内容到层次都很丰富的体育教育。

现代体育教育理念关注学生的全面、科学、可持续发展，关注高校体育教育教学的全面、科学、可持续发展。在具体的高校体育教育实践中，不仅要向学生传授体育知识（技能），更要传承体育文化（人文）的精髓，让学生在学习和参与体育过程中，对体育与体育文化中产生认同，提升对体育和体育文化的自觉自信，让体育在其日常生活中随处可见，并进一步实现终身体育。

第三章
高校体育教学理论的多维审视

本章为对高校体育教学理论的多维审视，分别从高校体育教学的多元化学科基础、高校学生身心发展与教学、高校体育教学中新教育技术的应用以及高校体育专业学生的培养四个方面阐述。

第一节　高校体育教学的多元化学科基础

一、高校体育教学与科学主义

（一）科学主义概述及其对教育研究的影响

作为推动社会发展的重要力量，科学是探索真理的唯一模式和途径。要想获得科学知识，必须通过观察、实验及一些量化手段来实现。

科学主义是从科学的观点来解释人和人的问题，并且企图以现代科学技术改造人和改造社会。其主要特征是崇尚科学知识，主要特点主要表现为对科学知识教育的重视。

在 19 世纪初，科学主义对教育研究并没有显著的影响，主要原因是当时科学的发展还处于初步阶段，影响力还不够大；教育学刚刚从哲学的范畴中独立出来，还没有在观念形态、思想和方法上形成一定的体系。从当时教育

实践的角度上来说，教育应用的广泛性还是较为欠缺的。因此，对于普通人来说往往也是不适用的。

到了 19 世纪末 20 世纪初，科学主义才逐渐与教育研究相结合，并对教育研究领域产生一定的影响。同时，科学主义也成为当时教育研究中的一个主流，科学主义对教育研究产生影响的原因有：第一，科学主义的科学基础，主要是指科学的迅猛发展，以及同时形成的科学观念和方法的逐渐完备；第二，科学主义的思想基础，主要是指教育研究思想的发展及教育研究队伍的壮大；第三，科学主义的教育实践基础，主要是指学校和教育制度的普及；第四，科学主义的社会基础，主要是指社会的巨大进步和迅速发展。

（二）科学主义在高校体育教学中的作用和意义

将科学主义应用于高校体育教学中，具体来说，科学主义的作用和意义主要表现在以下几个方面。

第一，在功利色彩浓厚的教学中，科学主义较为重视的是对知识技能传授的多少、效果如何等。

第二，科学主义是在遵循人认识事物、掌握技能规律的基础上，按部就班、循序渐进地来进行体育教学的。同时，为了争取使学生在最短的时间内掌握更多的知识，取得理想的教学效果，还有针对性地采取相应的高效率的教学方式进行教学。

第三，科学主义较为重视统一性以及教师领导性，往往忽略了学生的个人主动性、兴趣性以及学生学习中的感受、情感等方面的体会。

第四，科学主义对结果评价、整体评价、比较评价较为重视，而对学生在学习过程中的想法、收获以及个人感受等则是忽略的。

二、高校体育教学与多元智能教学

（一）多元智能教学理论概述

每个人都具有多元智能，具体来说，这所谓的多元智能主要包括八种智能：语言智能、逻辑智能、数学智能、空间智能、身体运动智能、音乐智能、

人际智能、自我认识智能等。因此，这就要求在对学生的能力进行评价时，不能够单从某一方面进行，而是应该全面、多维地进行客观评价。

多元智能理论的提出具有非常重要的意义，其在很大程度上为世界各国教育教学实践的改革提供了必要的理论依据。我国也非常重视多元智能理论，当前，我国教育改革的主旋律是提倡有智慧的教育，培养有个性的学生，另外，今后体育教学改革的一个方向，就是通过多元化的教学模式和手段的运用，进一步对学生特质和发展潜能引起关注，使学生不仅具有强健体格，还要具有健全的人格，获得身心的全面发展。加德纳是第一个将身体运动智能归入人类智能的人，在对多元智能理论的研究中，他发现每个人的思维模式都是独一无二的，每个人的智能优势都是不同于其他人的。基于这一点，我们在发展学生智能的过程中，必须坚持因材施教的原则。在传统的教学中，师生之间的关系是一种"管"与"被管"的关系，而教师是教的主体，学生是学习的客体，这种教学方式是不利于学生主体性发挥。因此，有必要利用各种富有创意、有趣、能吸引学生的教学形式和方法，为学生搭建一个多维的平台，使学生在自主、自由、宽松和愉悦中充分发挥自己的智能优势。

多元智能理论，就是在体育课中充分利用它，通过多种渠道和手段，使之与体育课有机地融合起来，在体育教学中找出它们最佳的结合点，为体育课的开展提供一种全新的理论依据和支持。

（二）多元智能教学在高校体育教学中的应用

1. 高校体育教学中多元智能教学的模式

根据多元智能教学理论与高校体育教学规律，可以构建出多元化体育教学的模式。具体来说，体育多元智能教学的模式主要体现在以下几个方面。

（1）多元化教学形式

引导性较为突出，其中包括教师与学生、理论与实践、示范与指导、分组与合组等多个方面的有机结合。

（2）多元化教学内容

综合性比较突出，所含教学内容有针对性强、具有现代性、内容丰富等特点。

（3）多元化教学方法

该评估方式优点是科学性凸显，教学方法有小组合作法、教师指导法、教学比赛法、角色置换法等。

（4）主体化学习形式

自主性较为突出，包含的内容主要有学生的创新能力、教学实践能力、语言表达能力和思维能力。

（5）多维化考核评价

该评价方法的优势，主要表现在它具有较强的合理性，将平时的成绩、技能测验成绩、理论测验成绩和教学实习成绩等综合起来。

2. 高校体育教学中多元智能教学的实施方法

在体育中实现多元智能的方式有很多种，以下将详细地介绍一些基本的智能和它们的教学设计以及具体的实现方式，如表 3-1-1 所示。

表 3-1-1　体育多元智能教学的实施方法

多元智能	教学设计	具体实施方法
语言智能	（1）创造语言学习环境，让学生学会有效的说话 （2）帮助学生在倾听中学习 （3）让学生撰写学习心得	（1）教学中学生互评，锻炼语言表达能力 （2）授课过程中鼓励学生勇于提问 （3）课后撰写心得，培养写作语言能力 （4）在学生与学生、教师与学生的教学形式中，通过有效的沟通，培养语言交流能力 （5）在角色置换中，以老师的角色在教学实践中培养和发展学生的语言组织能力
逻辑数学智能	（1）采用不同的提问策略，提出问题让学生解答 （2）要求学生判断他的陈述和观点	（1）技战术教学，让学生发挥想象力，鼓励用开放式思维思考问题并判断正误 （2）运用物理学、生物力学、解剖学等理论知识分析技术动作要领
音乐智能	（1）让音乐成为学习的一部分 （2）通过音乐进行学习 （3）用音乐激发学生的创造力	（1）准备活动采用伴随音乐的活动操，培养学生身体的协调性和节奏感 （2）鼓励学生自选音乐创编活动操 （3）利用角色置换法，带领大家进行活动操
身体运动智能	（1）创造身体的学习环境 （2）通过表演的方式进行教学 （3）通过体育活动促进智能发展	（1）教学中以学生实践为主，增加练习时间 （2）通过效果展示和比赛，让学生展现自我 （3）通过学习街舞、球类操等促进智能发展
空间智能	（1）为学生创造视觉化的学习环境 （2）采用多媒体分解技术动作成因	（1）采用直观教学方法，增强学生观察能力 （2）鼓励学生多看体育教学、比赛录像
人际智能	（1）实现真正的合作学习 （2）在与他人接触中学会成长 （3）学会解决矛盾和冲突	（1）教学中，培养团队精神，集体主义精神 （2）学会处理学生与学生及老师间的关系 （3）培养学生组织能力

多元智能	教学设计	具体实施方法
自我认识智能	（1）引导学生树立并实现自己目标 （2）有效的运用各种积极的评价 （3）注重情绪学习，促进学会反思	（1）采用阶段性目标教学，鼓励学生自我树立学习目标，并逐步实现 （2）学会自我评价，发现优势潜能和不足

（三）多元智能教学对高校体育教学的作用

在高校体育教学过程中，多元智能教学具有非常积极的促进作用，主要体现在以下几个方面。

第一，在高校体育教学中，通过多元智能教学的运用，能够使学生更加熟练、牢固地掌握各体育运动项目的技术和理论知识，同时能有效提高其语言表达能力和思维能力，有利于理想教学效果的取得。

第二，在高校体育教学中，通过多元智能教学的运用，能够有效避免一些矛盾和弊端，比如较为典型的传统教学模式中对学生综合能力培养相对不足等问题，能够使教学模式与智能培养的特点更加相符，这对于理想的教学效果的取得也是非常有利的。

三、高校体育教学与其他科学理论

（一）高校体育教学与人的社会化

1. 人的社会性概述

人的社会性对于一个社会的存在和发展起着十分重要和深刻的作用，尽管有不少学者都对人的社会性有一定的研究，但是在研究角度和重点方面还没有形成统一，我们可以将人的社会性简单理解为社会将一个自然人教化为一个社会人的过程。

2. 高校体育教学对人的社会性的影响

（1）体育教学促进学生掌握生活技能

一般来说，生活技能主要包括日常生活技能和谋求生活、参加生产的技能。在不同的发展阶段，人们学习和掌握生活技能的侧重点也有一定的差异性。身体练习是体育教学的基本手段，同时也是生活技能的学习途径。因此，对于生活技能的掌握来说，体育教学的身体练习具有非常重要的作用。除此之外，体育教学还能为体质的增强、专门技能的训练等提供必要的物质和精神保障，为人们更好地掌握生活技能奠定坚实的基础。

（2）体育教学有利于社会文化的学习和掌握

社会文化是由社会规范和价值体系两部分构成的。

社会规范是指由社会中的各种力量所创造和调整的行为方式或关系的总和，它主要表现为法律规范、道德规范、风俗习惯、宗教戒律以及各种形式的生活规则、条例、制度等。我们从体育教学的角度出发，可以将其理解为：体育教学是以运动项目为载体，以体育游戏为形式，以技术、技能教学为核心内容，以发展学生体育能力、培养学生体育素质为目的的一种教学活动。体育游戏在社会文化学习中起着不可忽视的作用与影响，它所特有的规律使青少年在玩的过程中对各种规律有一个初步的了解，形成遵守规律的良好习惯，也让孩子们对社会的约束力有了更深层次的认识。这种经验可以在某种程度上将其转移并反映到现实生活中去，从而对他们在现实生活中对社会行为规范的意识产生直接或间接的影响，加速他们对社会行为规范掌握的时间，转化为实际行动并形成一种习惯，从而产生一种行为的社会定势。

此外，体育教育在价值观的构建中起着十分重要的作用。这主要体现在，与体育游戏项目的学习和教学相比，体育教学可以形成个体系统的文化知识。而文化知识又是构成价值观念、道德观念体系的基础。所以，在体育教学中，特别是在学校体育中，以学校教育为中介，以课程为载体，通过对个体文化知识的传授和开发，形成个体系统化的价值观念、道德概念体系。通过引导与主流方向相一致的个体价值观念的形成，有效地起到对社会规范的作用。

（3）体育教学是培养社会角色的重要有效途径

在社会生活中，每个人都要扮演不同的社会角色，这也对人的社会性起到了一定的促进作用。角色学习包括的内容有很多，其中，最主要的有与角色有关的权利义务的学习，适合于角色的态度、情感和愿望及角色的变迁的学习等。高校体育教学对于社会角色培养有着较为独特的作用，具体来说，表现在以下几方面。

第一，在体育教学中，学生有可能扮演着不同的角色，比如，运动员、裁判员或者教练员等。这些不同角色扮演的教学过程，对于不同角色任务的了解，角色多样性和稳定性的理解，扮演角色技能的锻炼，角色的态度、情感以及心理习惯和社会习惯的培养等都会产生非常积极的促进作用。

第二，体育教学还具有通过教师的示范和学生的模仿来完成教学的显著特点。学生的这种模仿学习的方式对于课堂上所有的教学内容都适用。所以，学生们可以在模仿和扮演角色的过程中，对自己的感受进行体验。在教学过程中，他们对自我和社会集体关系的意识得到了增强，更加深刻的了解了自身的社会角色和行为方式，从而促进自身的学习能力提升。

（4）高校体育教学有利于学生形成良好的个性

个性是指一个人在特定的社会历史条件下以自身的生理品质、心理特点为基础，通过实践经验的不断积累和磨炼，逐步形成的观念、态度、习惯和行为方式，其个性构成大致有：动机、兴趣、理想、信念、气质、才能、性格等几个要素。

一般个人性格的形成往往受到三种因素的影响：一是遗传；二是社会；三是家庭、学校、社会实践。体育教育在培养学生优秀人格方面起到了积极的作用。体育教学中，师生之间、学生之间的身体直接参与和反复练习，以及课堂上师生之间的时空转换机会多，学生之间的互动机会多，这些都是提高学生学习效果的良好途径。

由此可以看出，相较于其他学科来说，体育教学对学生良好个性的形成起到的作用，主要体现在体育教学的主动性、实践趣味性、直接参与性等方面。这对于学生学习的自主性、良好意志品质的培养以及集体主义精神的建立都起着非常重要的促进作用。

（二）高校体育教学与道德教育

作为我国学校教育工作的重要内容，道德教育对学校的办学方向和学生的健康成长有着重要的影响和作用。《中共中央关于进一步加强和改进学校德育工作的若干意见》中明确指出："要按照不同学科的特点，促进各类学科与课程同德育的有机结合，各门课程的建设应体现社会主义的办学方向和全面

发展的办学指导思想。"①

1. 高校体育教学与道德教育的关系

体育教学与道德教育的关系主要体现在以下两个方面。

（1）道德的实现要以体育教学为主要途径

体育教学的根本目标是增强学生体质，促进身心发展，培养德、智、体全面发展的社会主义建设者。由此可以看出，道德教育是体育教学的重要内容之一。另外，体育教学的教学形式多种多样，都是通过各种身体练习和活动来进行教学的，而在这一过程中的各个方面中都渗透着道德教育，这样往往能够取得事半功倍的教学效果。

（2）体育教学质量的提高在一定程度上得益于道德教育

体育教学是道德教育的有效途径，同时，它还是提高体育教学的质量的重要途径。这主要是由于，要想使学生积极主动地参与体育课，就必须使学生对于体育学习的结果产生一定的认识和理解。通过道德教育，能够使学生的思想认识水平有所提高，学习态度有所端正，对体育学习的认识进一步提高等。从而使他们在体育训练中能够达到克服困难、完成教学任务的目的，进而使教学质量得到有效提高。

2. 道德教育在高校体育教学的作用和意义

（1）道德教育直接影响学生的全面发展

通过道德教育的理论与实践相结合的教学方式，能够有效地将学生身心活动、理论与实践、思维与动作统一起来，对理想信念教育进行强化，使大学生的知、学、行的统一性得到进一步增强和深化。从而使学生体育运动的能力和思想意识等有机结合起来，成为全面发展的人才。

（2）道德教育促进高校体育教学的发展

当前社会与经济的不断发展以及文化的多元化，对学生的综合素质提出了更高的要求。同时，这也是学校教育工作的需要。学生时期是一个学习系统道德知识、树立理性的道德观念、拓展道德实践空间的关键时期，在这一阶段的体育教学中渗透道德教育，能够将我国优良的品德传授给学生，使学

---

① 中共中央关于进一步加强和改进学校德育工作的若干意见 [J]. 中国高等教育，1994（10）：5-8.

生对他人、对社会都有积极的影响和贡献。

（三）高校体育教学与美

1. 美在高校体育教学中的体现

在体育教学中，处处体现着美，其主要体现在教学过程、教学内容、教学环境、教师和学生形态等几个方面。

（1）教学过程的美

体育教学过程的美主要包括两个方面：一是教师和学生在具体教学活动中所表现出的丰富的创造性活动；二是指教师和学生在动态中形成的具有美的特征的组合形式。在整个教学过程中，不仅要体现出教师的独特性和学生的个性，还要具备教学的完整性、有序性、节奏性等。

（2）教学内容的美

因为课程内容在课堂教学中占据着重要的位置，而在具体的教学内容中，许多"美"的因素也起到了至关重要的作用。因此，在体育教学中，教学内容的美是非常重要的一个方面。体育教学内容中的美，不仅包括从人类文化知识体系中借用的艺术美、社会美、自然美和科学美等内容，也包括经过教师和学生实践转化而形成的美的内容，因此其具有较强的广泛性。另外，体育教学中教学内容的美不仅是指外在的形式美，还指内在的美。比如，崇高理想和情操、坚强的意志和顽强的品质等。

（3）教学环境的美

教学环境主要包括场地、器材的选择和布置等在内的教学的主要外部条件。环境对人的活动会产生一定的影响，对于高校体育教学来说，周围环境的影响同样不能忽视。良好的教学环境的作用体现在：一是可以给学生以美的感受；二是提高学生学习的兴奋性；三是有利于学生疲劳的消除、紧张心理的缓解以及技能的理解和掌握等。

（4）教师和学生形态的美

教师和学生的形态是教师和学生在教学活动中的行为方式的总和，具体来说，其主要包括举止、表情等。所谓形态美也就是指教师和学生的行为举止、语言和仪表等所表现出来的美。在高校体育教学活动中，教师的形态美

和学生的形态美是相互联系的，两者之间相互影响，特别是教师的形态美，其重要的牵引作用非常显著。

2. 美学在高校体育教学中所起的作用

（1）能够有效解决体育教学中的问题

就当前的体育教学而言，其现状是注重知识的传授、技能的培养和思想道德的培养，忽略了情感的激发和人格的培养。在这个过程中，老师的"教"和学生的"学"都是相互关联的。教师要根据学生的实际情况和特点，对他们的个性进行有针对性的培养，使学生对美的情感体验更加丰富。学生们可以在老师的引导下，将体育教学融入自己对美的追求与享受中，更好地在赏心悦目的教学活动中，自觉地受到美的熏陶与感染，最终实现培养个性与激发情感的统一。

（2）能够有效的提高体育教学效应

在体育教学中，美对于体育教学效应的提高起着重要的促进作用，其主要表现在两个方面：第一，教师在认真备课、认真钻研教材的过程中，能够在对教学内容美进行体验的基础上，通过创造性的教学方式，将教学内容的美充分展现给学生；第二，学生在教师主导作用下，创造性地进行学习，从而达到知识、动作技术、体质以及智力、情感、思想品德等方面都有一定程度的提高和发展。

（3）能够细致深入地进行体育教育理论的研究

在国内，尽管有很多关于体育教学理论的研究，但是大多数人的研究是从社会政治、经济制度和生产力的发展等角度进行的，仅有少数人的研究目光放在了人的价值和人的自我发展上。体育教学的任务不仅是向学生传授知识和技能，同时还要对学生内在的心灵和品质进行塑造和培养。美的教育和审美能力的培养，对于体育教学任务的完成起着积极的促进作用。同时，也对学生情感的激励和心灵的净化起到重要影响。

（四）高校体育教学与艺术

随着人们生活水平的不断提高，对精神的追求越来越高。因此，体育和艺术就成为人们日常生活中不可缺少的重要部分。作为追求运动美、享受健康美和愉悦身心的重要手段之一，体育教学已经成为人们追求娱乐和艺术享

受的重要途径。

1. 高校体育教学与艺术教育的有机结合

通过将体育教学与艺术教育有机结合起来，将艺术渗透到体育教学中去，能够使体育的宗旨得到进一步完善，使体育教学的功能得到提高，体育教学的内容也得到丰富，体育教学的形式得到较好的改善，体育运动的魅力有所提升。高校体育教学与艺术教育的有机结合的意义主要体现在以下几个方面。

（1）对学生艺术素质的培养十分有利

社会的不断进步对体育教学产生了较大的影响。为了适应社会的需求，学生应该紧跟时代潮流，进一步提高自身的艺术素质。作为社会发展的未来中坚力量，学生还要在进行艺术教育的过程中，反过来进一步促进艺术教育的发展和顺利进行。因此，这就要求通过体育教学，来进行审美和艺术教育，从而使学生在强健身体、完善心灵的同时，审美能力和艺术素质也得到有效的提高，进而成为全面发展的人才。

（2）通过美育教育来使艺术素质提高

美术教学中，艺术教学的主要内容与方法是美术教学中的重要环节。在《关于深化教育改革全面推进素质教育决定》的文件中，对美育及其综合特点都非常重视，并且提出了"美育不仅能陶冶情操，提高素质，而且有助于开发智力，对促进学生的全面发展具有不可代替的作用。"[①]由此可以看出，艺术教育能够使人的想象力丰富，人的感知力得到发展，人的理解力得到加深，人的创造力得到增强，这些对于全面发展的优秀人才的塑造有重要作用。

（3）体育教学中实施艺术教育是必然的

现代教育的主要目的是将学生培养成素质全面的人才，其中，艺术素质是非常重要的一个部分。体育的审美性对体育教学的艺术性起到了决定性作用，因此，在体育教学中实施艺术教育，不仅有利于审美教育的完成，还有利于教学任务的完成，可以有效提升学生的艺术素质水平。

2. 艺术教育在高校体育教学中的作用

在体育教学中渗透着艺术教育，具有非常重要的作用，具体表现在以下

---

① 中共中央、国务院关于深化教育改革全面推进素质教育的决定 [J]．教育部政报，1999（Z2）：301-310.

几个方面。

（1）有效提高体育教学质量

在体育教学中，老师将艺术教育的作用发挥出来，通过优美、准确的示范动作，使学生的学习积极性得到进一步的激发，使学生对美的联想和追求进一步提升，从而促使其对运动技巧、技能的理解和记忆进一步加深，进而使学习的效果得到进一步的提升。

（2）激发学生参与体育锻炼的热情

在教育中，体育教育是重要的组成部分，因此，其也肩负着促进学生素质教育的任务。学生对体育和艺术的审美能力需要进行培养，而在这一过程中，也会有各种审美心理及审美心理效应产生，具体来说，就是会引起学生欣赏羡慕-向往-实践的连锁式的心理反应。这一心理反应的产生能够使学生的学习热情和追求美的欲望得到有效激发，对于学生参与体育锻炼的积极性和热情也有积极的促进作用，为终身体育奠定基础。

（3）培养学生的高尚情怀

全面发展的人才，一定不能缺少美育，其与智育、德育、体育有着较为紧密的联系。它们之间互相依存，互相促进，相辅相成。通过体育教学，对于学生精神上追求优胜、追求荣誉的理想美的追求，有着非常积极的促进作用。同时，还有利于胜不骄，败不馁的意志美和体验集体主义、爱国主义情感美的培养与建立。

第二节　高校学生身心发展与教学

一、高校学生身体发展与体育教学

（一）高校体育教学对学生身体发育和器官的影响

1. 高校体育教学对身体发育的影响

我们可以将生命的全部过程大致分为三个时期，即儿童时期、青少年时

期和中老年时期。不同的时期生长发育的速度不同，而且每个人在其自身生长发育的不同时期，发育的速度也是不相同的。

大学生都处于青少年时期，这时期是人体生长发育的最佳时期，也是人的体型、体力和健康奠定的关键时期。此时，后天因素对机体的影响比任何时期都大。实践证明，经常参加体育锻炼对身高、体重、身体机能和素质等指标的可塑程度能达到 50%～70%。

2. 高校体育教学对身体各个器官的影响

人体是一个完整的、统一的有机体，它由不同的器官构成，按功能可分为神经系统、呼吸系统、循环系统、消化系统、泌尿系统、生殖系统、内分泌系统、运动系统和感觉系统。在大学体育教学中，通过对身体各器官的影响，使其达到全面发展的目的。

（1）体育锻炼对神经系统的影响

神经系统由中枢神经系统和周围神经系统组成。人的所有活动都是反射活动，即由感觉器官将体内或体外的刺激传送到大脑，经过分析综合，大脑给出相应的反应指令，再由周围神经将行动反应指令传达给各器官系统去执行。当人体发育进入成熟阶段，成人脑体积就不再增加，但大脑皮层的结构和功能仍在发展，因此体育锻炼仍会对大脑功能有所改善。

① 体育锻炼可以提高人体对刺激的反应速度

体育锻炼的项目种类繁多，技术复杂，越是对抗性和技术性强的运动，越能有效的强化脑细胞的生理功能，使神经细胞的兴奋强度、反应速度、兴奋抑制转换的灵活性及均衡性都得到提高。

② 体育锻炼有助于增强记忆力，提高大脑工作效率

这有两个原因：一是运动可以增加心脏的血液供应，增加大脑的血液供应，使大脑的活力变强；二是在长期的思维学习过程中，专管性学习和与之有关的神经元会出现疲倦感，然后从亢奋到压抑感。在这个时候做运动，负责活动的神经细胞就会活跃起来，而其他的细胞则会得到很好的休息，从而让大脑更加清晰，更加灵活。

③ 体育锻炼可以帮助改善神经衰弱

定期进行身体锻炼，会增加大脑皮层的兴奋度，加深对大脑皮层的抑制，

并且兴奋和抑制都比较集中，从而维持大脑的兴奋和抑制两种功能的平衡。

（2）体育锻炼对呼吸系统的影响

呼吸系统包括鼻、咽、喉、气管、支气管和肺，其中，肺是气体交换的场所，其他器官是气体交换的通道。在安静状态下，呼吸系统的各个器官只需很小的工作强度就能完成呼吸过程，长此以往，很可能会导致相关器官的萎缩，使呼吸系统功能下降。体育锻炼时，人体对氧的需求量增加，呼吸频率加快，使呼吸系统的各个器官逐渐改善自身机能。坚持锻炼，可以使呼吸肌逐渐发达、有力、耐久；可以提高呼吸深度，增大肺活量。

（3）体育锻炼对血液循环系统的影响

血液循环系统，也被称为心血管系统，它是一个封闭的系统，由心脏和血管组成。心脏驱动着血液在人的经脉中不停地循环，因此被称为是人体的"发动机"，为全身输送氧气与营养物质，并将由细胞新陈代谢所排出的垃圾与二氧化碳排出体外。

① 体育锻炼可以使心脏组织结构增强，心脏工作寿命延长

体育锻炼时，血液循环的加速，改善了心肌的供血机能。心肌得到更多的营养物质，心壁增厚，心脏容量增加，使外形更加圆满，搏动更加有力。长期运动的人正常状态下的心跳频率要比一般人每分钟减少20次左右，由于总体上减少了心脏的搏动次数，因此延长了心脏的工作寿命。

② 体育锻炼可以使血管功能变强，血红蛋白增多，血液微循环强化

运动可以促进血液循环，增加血流量，因此血管经常会收缩或扩张，通过扩张血管提高了血管壁的弹性，扩大了血管表面积，从而增强了血管对血液的运输功能。经常运动则具有增加血液中的白血球、红血球和血红蛋白的功能，增加结合氧的含量，帮助人体进行新陈代谢，增强人体的耐缺氧的能力，促进血液循环系统的功能。

（4）体育锻炼对消化系统的影响

消化系统是由口腔、咽、食道、胃肠、胰腺、肝脏和肛门等组成，胃肠是人体消化食物的主要器官。

① 体育锻炼可以促进食物的消化和营养物质的吸收

经常进行身体锻炼，可以增加消化腺分泌的消化液，通过腹部运动，可

以促进消化管道的蠕动，促进胃肠的血液循环，从而促进食物的消化，促进营养物质的吸收。

② 体育锻炼可以增进肝脏健康

体育锻炼使体内糖分的消耗增加，因此肝脏需将储备的糖原及时向外输送，肝脏工作量的增加使其机能受到锻炼和提高。

（5）体育锻炼对运动系统的影响

运动系统是人们从事生产、生活活动的部分，由骨骼、关节和肌肉组成。骨骼是人体的支架，是构成体型的基础，起着保护脑、脊髓、心和肺等重要器官的作用。关节是连接骨与骨之间的枢纽，以其为支点，使骨改变位置，产生运动。肌肉紧贴着骨头，在神经系统的控制下，舒张和收缩交替进行，从而完成身体的屈伸和旋转。运动需要运动系统的配合，并且当它完成运动时，它的每一个部分都会变得更强壮、更柔韧、更结实。

体育锻炼可以使骨骼性能、形态发生良好变化，长期的体育锻炼使骨骼变得粗壮、坚固，增强其抗折、抗弯、抗压缩和抗扭转等方面的机械性能。体育锻炼可以增强关节的稳固性，提高关节的灵活性。经常从事体育锻炼，使关节囊、肌腱和韧带增厚；关节的稳固性、延展性增强；关节的弹性、灵活性和柔韧性提高。体育锻炼可以提高肌肉性能，增大肌肉体积。运动过程中，肌肉工作加强，蛋白质等营养物质的吸收、存储能力加强，使肌纤维增粗，肌肉体积增大，从而使肌肉结实有力。

（二）高校学生身体素质发展

学生身体素质是由先天遗传因素与后天因素共同作用的结果，这可理解为其在体育活动过程中所表现出来的功能与能力，而这些功能与能力都来源于他们的有机体。很长一段时间内，人们在理论表达中通常将这些功能能力加以分类，并以力量素质、速度素质、耐力素质等惯用的名称来命名。大学生的生理素质在其生长发育中也存在着随年龄而改变的现象，且具有显著的年龄特点，男女之间存在着一定的差异。

高校体育是我国体育教育发展的一个重要时期，在这一时期，在进行体育教学时，不再只注重对基本体育知识的指导，而是强化了对体育的多个方

面的实践，从而达到了体育创新和体育拓展的目的。但在现实的体育教学优化过程中，仍有不少问题，特别是对学生身体素质的全面提高，需要在新时期得到很好的改进。在新的时代背景下，大学体育教学应该尊重学生的主体地位，力求从学生的视角出发，寻求最合理、最行之有效的教学方法，同时要突破传统体育教学的局限，更多地运用一些综合性较强的体育教学方法来进行教学。针对学生在体育锻炼过程中存在的问题，要进行多方面的指导，改变学生的体育观念，从而达到提高锻炼效果的目的。

大学生在大学阶段，一般都有很多的闲暇时间，为了增强自己的身体素质，他们通常会将这部分闲暇时间用在各种活动和运动上。然而，学生所能参与的体育运动种类十分有限，仅限于跑步等少数项目，这明显不能达到很好的练习效果。所以，落实体育拓展就显得尤为重要，在大学里开展体育活动是学生进行体育拓展最为有效的途径。在新的时代背景下，大学的体育教学要进行，就必须对学生所需要的或者是喜爱的运动形式进行深入的了解，并在教学的过程中，尽可能地对这些内容进行宣传，让学生们可以体会到体育锻炼的乐趣和重要性。在体育教学中，教师可以首先向学生讲解体育运动能够对学生身体素质的提高和身材的保持起到一个帮助的作用，展现出体育运动的重要性。同学们一旦意识到体育锻炼的意义，他们中的一些人就会积极参加。

随着时代的发展，大学生普遍存在着沉迷于游戏的现象，这种现象不仅影响了学生的健康成长，也对学生的前途产生了多方面的不利影响。学生在接受合理体育教育后，可以有一定的时间从网络游戏中解放出来，同时还会主动地参与到体育运动中去锻炼身体。鉴于每周大学体育课堂的时间非常有限，所以老师也可以在课下对学生进行体育锻炼激励，通过给学生提供各种体育锻炼的方式来促使学生身体素质得到提升。与此同时，大学的体育教学应该重视综合性的发展，教师还应该给学生制定一些体育饮食和营养方案，尽量与学生的体育锻炼相结合。而且，有必要告诉学生，获得好的锻炼效果，光靠体育锻炼是不行的，还必须要保证健康合理的饮食，通过科学有效的饮食达到提高锻炼效果的目的。除此之外，在进行体育锻炼时，还需要有一定的计划，教师要引导学生制定严格的体育计划，根据计划来完成相应的体育

锻炼内容，实现高水平的体育锻炼过程。

二、高校学生心理发展与体育教学

高校体育教育中，教师通过科学体育知识与文化内容的讲授，通过各项体育教学与训练活动的组织，促进学生积极参与体育学习与体育锻炼，在体育运动过程中促进心理过程的健全和心理品质的完善。具体来说，体育教育中的体育运动对学生心理健康的促进作用主要表现在以下几个方面。

（一）高校体育教学对学生心理的影响

1. 提高学生的认知能力

（1）发展思维

运动者需要迅速、精确地对周围的一切进行感知和判断，与此同时，他们还需要恰当地应对周围复杂、多变的环境。因此，这就需要运动主体将身体内的各种感官综合起来，去感受动作要领、肌肉用力程度等。

运动提高个体认知能力的作用表现在两个方面。

首先，体育运动中的各种基础运动训练，如走、跑、跳、投等各种练习有助于提升人的运动认知和运动思维。

其次，长时间的持续运动能够调整大脑皮质的神经活动，促进大脑皮质的协调，增强大脑的灵活性，增强大脑的判断和分析能力，加快大脑的反应速度，促进大脑的思考能力。

（2）提高情商

情商是一种非智力因素，其主要表现为协作配合能力、处理人际关系的能力、组织管理能力、解决问题的能力以及承受挫折的能力等，情商在个人学习和职业生涯中起着举足轻重的作用。

参加体育运动锻炼，能够使学生充沛的体力和精力、良好的心理承受能力、公平的竞争意识、广泛的社会交往能力等得到培养与提高，并且以较高的情商去应对学习和生活中的困难。

2. 创造良好的情绪体验

情绪是个体心理活动的核心，它影响着人的学习、工作和生活。在生活

节奏快、工作压力大、各项竞争日趋激烈的今天，对人的心理承受力提出了更高的要求。事实表明，通过体育活动，可以改善人的情绪状态，提高人调节情绪的能力。

（1）体验运动快感

体育运动具有对抗性和趣味性，愿意参与运动的人的年龄跨度和阶层均较为广泛。对于青年学生群体来说，他们乐于体验运动中的对抗性，这是增强身体素质和提升自我竞争意识的良好渠道。

在体育场上，通过畅快淋漓的运动，可令人暂时抛弃烦恼，沉浸在运动之中，充分感到兴奋和愉快。

（2）体验成功和成就感

对抗性体育运动中，运动者或进攻或防守，在这一过程中他们与对手要进行全方位的对抗，这种对抗包括身体、技战术、意识以及意志力。在付出了大量体力和汗水后获得了比赛的胜利会让人体会到一种强烈的成功感和成就感。

（3）提高情感自控能力

运动的过程中，运动者要不断挑战自我，和同伴竞争或合作，让个体充分体验到运动过程中的成败、进取、挫折、快乐、痛苦、悲伤、憧憬等，使其在积极情绪与消极情绪之间，学习自我情绪的快速转换，提高自己的情绪自控能力。

（4）疏导不良情绪状态

运动实践表明，人通过参加体育运动，能够增进快乐、调节情绪、振奋精神。另外，这种积极的情绪状态还能够使人的自尊、自信、自豪、自强得到有效的保证，同时有效缓解甚至消除焦虑、烦恼、抑郁、自卑等不良情绪。

现代人面临来自各方面的压力，学生群体也不例外。例如，当代大学生面临的压力主要来自于学业、情感、人际关系等。参与体育运动，有助于大学生压力的释放和情绪的抒发。

3. 塑造健全的人格精神

现代健康包括多方面的内容，其中就包括拥有健全人格。由此可见，健全的人格对人一生发展的重要性，具体分析如下。

（1）完善个性心理

个性心理，是指个体身上表现出的带有稳定性和经常性的心理特点。

对于个人性的体育运动参与来说，它是人与人的对抗。只有那些个人能力过硬，性情、品格健全、性格特点鲜明、个性独立的人，才能敢闯敢试、勇于创新，才能在错综复杂、艰苦卓绝的环境中，同对手顽强抗衡，赢得竞争的最后胜利。

对于集体性的体育运动来说，团队与团队之间的对抗需要每一个人的努力与认准自己的角色定位，团队中的每一个人的发挥都能决定团队的战斗力，团队也需要依靠每一个人来配合，必要时还要牺牲个人的利益，如得分或上场时间。

体育运动中，不同的角色扮演和个体需要不断拼搏与努力，以战胜各种主观和客观的困难，这有助于学生良好个性心理特征的形成。

（2）提高抗挫能力

体育运动有助于提高人的抗挫折能力，主要在于体育运动的自身规律。通过统计来看，在两支智力相当的队伍比赛中，往往进攻的成功率只有 30%～50%，防守的成功率则较高一些。不过，不管是进攻还是防守，都会经常面临失败的情况。

参与体育运动对抗，有胜利必然就有失败，正是在这反反复复挫折与失败的情景教育中，体育运动参与者才不断获得磨炼自己、屡败屡战、不断进取的体验和感受。通过一次次的小挫、中挫、大挫，不断增强自身抵御失败打击的心理承受能力，这样发展下去一定能锻炼出坚韧不拔的毅力。

在体育教学中，教师应注重对学生正确比赛心理的引导，通过多样化的竞技训练与比赛，锻炼学生胜不骄、败不馁，勇猛顽强，坚韧不拔，吃苦耐劳的意志品质。培养青年学生的主动性、果断性、控制力、坚持力和创造力，这都是现代人人格精神的内涵，是学生走出校园、进入激烈竞争的社会必须具备的基本素质。

4. 培养良好的意志品质

体育是培养人意志品质的有效手段之一。在体育运动过程中，个体总是不断地和各种主客观困难做斗争。如在进行锻炼中身体负荷强度大，常常需

要达到身体极限，有时还能造成心理上的疲劳。因此，体育锻炼能很好地磨炼人的意志品质。

在此基础之上，开展体育运动锻炼可以有效地培养学生的团结、进取、敬业、乐观的良好素质；遵守体育规章制度，有利于学生养成文明的行为习惯和良好的体育道德风尚；在体育竞赛中，有助于培养学生战胜困难、善于创造的品质，与此同时，也有利于培养他们科学、文明、健康向上的生活态度。

（二）高校学生心理素质发展

"高校体育教育可以促进身体健康、心理素质提高，更可以提升道德情操。"①体育将身体锻炼作为最根本的方法，青少年可以尝试和体验运动项目的技术要求、动作规则，来对肌肉和大脑的运动项目参与感进行强化，并对其进行多次的技术动作刺激，来对动作定位进行塑造。人们是通过对动作技术的掌握，达到身心锻炼的目的，并在一定程度上增强自己的自信心，进而提升自己的身体素质。学生在紧张地学习后进行体育锻炼，既能增强体质，又能加强他们的大脑神经供氧，使学生上课精神饱满，思维灵活，提升他们的学习效率。当学生在学习过程中遭遇到困难和挫折的时候，可以引导学生观看或者向他们讲解一些奥运冠军的成长历程，培养他们挑战极限的坚忍精神，这样可以让他们拥有战胜困难的勇气和决心，让他们在学习和生活过程中，可以正确地面对自己遭遇的失败和挫折，让他们可以健康地成长。

在参加集体运动的过程中，学生之间可以相互合作，从而形成一种在遇到困难的时候可以相互帮助，共同渡过难关的良好氛围，为学生的身心健康成长奠定基础。学生参与体育运动可以促进手眼和手耳的协调，提高感知和动作的协调能力。这有助于各种感觉渠道的协作，为激发学生智慧创造必要的基础。运动锻炼能改善机体的细胞质量，并对机体的内分泌进行调控。因为运动的刺激能够活化右侧大脑中的神经细胞，促进大脑中的神经纤维变得粗大，使得大脑中的想法变得更丰富、更顺畅。另外，身体各系统的活化和

---

① 欧枝华. 新时期高校体育教学及其课程体系改革研究［M］. 北京：中国纺织出版社，2020.

良好的代谢状态都可以起到积极的作用，从而让大脑进入敏捷工作的状态。从心理层面来看，在教学过程中，教师与学生之间的距离越近越好，比如师生异位方法等，这种方法能够激发学生的学习兴趣，调动他们的学习主动性和积极性，同时还能提升他们的创新意识，克服思想上的惰性，增强他们的心理适应性。在教学实践中，教师和学生都能感受到民主、平等的教育氛围，促进了师生之间的沟通，增进了彼此之间的感情。

（三）高校体育教学对学生心理素质的培养

1. 帮助学生建立积极的自我意识

在体育教学中，要对学生的自我发现、自我肯定、自我欣赏等方面给予启发与引导，为学生提供展示自我的机会。尤其是对于自卑心理严重的学生，要通过多种途径引导其进行全方位的自我评估，从而达到逐渐建立起自我肯定意识的目的。以男子 1 000 米教学测试为例，对于体重超标的或者是体质比较弱的学生，只要能完成比赛，就可以给出及格的成绩，从而达到帮助学生克服自卑心理的目的。体育教师在教学过程中，要尊重学生，不能使用刺激性的言语，更不能采取体罚的行为。

2. 增强学生承受挫折的能力

在体育教学中，教师可根据学生的特征，适时地进行适当的激励，从而逐渐提高学生的心理承受能力；或者在课堂上给学生设些小难关，为其创造战胜困难的机会，并在战胜困难的同时对自己进行严格的要求。同理，在学习过程中，老师也要对进度慢的学生进行"鞭策"，要积极鼓励他们勇于面对困难。

3. 培养学生的自信心

学生的体育水平不可避免地存在着参差不齐的情况，一些基础较差的学生，会因为害怕做出的身体练习别扭可笑，所以在学习过程中不敢参加训练。为了解决这一问题，在教学中，教师需要采取相关措施，例如，降低动作难度、强化个别辅导和耐心引导等，以帮助那些基础较差的学生获得更多的成功经验；同时，教师还需营造融洽、轻松的教学氛围，在这种氛围下，老师和学生都能相互尊重，学生也能相互帮助，每一位学生都能在学习过程中拥有一个好的心态。此外，在教学中，教师可以利用各种激励手段，对学生在教学中所取得的成绩进行适当肯定，并适时地进行评估，从而提高学生学习的自信心。

4. 培养学生的竞争意识

体育活动是人类把自己作为改造对象的一种实践活动，它不仅包含了生物学意义上的生命运动，还包含了人们对生活的态度与观念。体育运动竞争的性质，给了学生一个在教室中经历成败的机会，激励他们建立起一种不达目的不罢休的进取心，他们面对任何困难，都能够积极地面对。

5. 培养学生顽强的意志力

由于体育运动的完整性、和谐性，它对于人的生理与精神两方面的潜能的开发与拓展具有十分重要的意义。在进行体育教学时，老师要有意识、有计划地采取相应的措施，对学生进行意志力的培养，让学生能够确立自己的人生目标，对自己的学习有一个清晰的认识，并在完成各个阶段工作的同时，对自己的意志品质进行强化。要展开艰苦的训练，充分利用好气候条件、地理环境等因素，增加训练的次数和强度，在艰苦、恶劣的环境中，培养学生敢于拼搏、勇于进取的精神。

6. 培养学生的团体意识和协作精神

从体育教学的角度来看，体育活动总体上呈现出一种群体形式，这一群体形式有助于学生之间更多的横向联系，从而能够促进学生的合作精神与团队意识的提升。教学中将德育与课堂教学内容相结合，将产生良好的教学效果。例如，在长距离跑步训练中，可以把学生分成几组，然后根据每个人到达终点的先后顺序来评分。将每个人的分数加在一起，作为一个集体的分数。这种形式可以让每一位同学都对自己的成绩给予足够的重视，主动为班级争光，促使学生间加强团结协同，互相支持和鼓励。通过这种方式，不仅可以提高学生的竞争意识和合作意识，还可以增强他们的团队精神。与此同时，由于体育教学具有群众性、协同性、交互性等特点，只要通过对其进行周密地设计、精心地组织，一定可以帮助学生提高他们的心理素质，促进其身心健康发展。

第三节　高校体育教学中新教育技术的应用

一、高校体育网络建设现状

在计算机硬件不断普及、教学资源不断丰富的今天，尤其是在互联网蓬勃发展的现在，国内各大高校纷纷建立或准备建立自己的校园网。校园网是实施体育网络教学的技术平台，而校园网以及校园网的建设情况，将会对学校是否具有开展体育网络教学的可行性产生直接影响。

教育部从 1999 年开始要求各高校建立自己的校园网，在校园网中建立体育教育网页对于教育环境将是一个新的拓展。通过对校园网络建设情况的分析可以看出，我国大学校园网络建设已经进入了大众化阶段，但是目前我国高校体育网页建设仍有许多问题需要解决。目前我国大学校园网中，与体育内容相关的网页数量很少，网页的内容比较单一，信息更新不及时，栏目也不完整。而且，许多学校的网页上都是一页简短的文字，简单介绍了一下相关的情况，并没有形成多层次的联系，很少有学校利用大学体育网络来进行教育功能的开发。因此，大学体育网站的建设在数量和质量上都比较低，而且，在目前的情况下，大学体育网络中存在着一种普遍的现象，那就是没有充分发挥大学体育网络的教育功能。目前，我国大学校园网的体育课上网方式主要有四种。

（一）系、部体育网页

当前，无论是学生还是教师，高校体育网页都是获取与体育有关资讯的主要渠道。这些网页的编制、开通、维护工作，都要依靠学校体育教学部门与管理部门来完成。浏览体育网页通常会呈现学院概况、组织概况、人员组成、体育教学、群体活动、运动竞赛、场馆设施和体育科研等。比较完善的体育网页会包含相关体育教学的素材库，如深圳大学，在体育网页中链接了大量的超文本文件（其中包括乒乓球、武术、篮球、网球等教学技术课件、

赛事剪辑、图片，还包括不同项目的裁判规则介绍、训练要领、保健理论知识等）。除了前述内容，体育院系网页还包括专业设置、人才培养和学科建设等信息。在部分学校的体育网页上，还会包括历史沿革、获奖情况等内容。此外，一些学校还在网上发布招聘专项体育教师的信息，这也进一步扩展了校园网体育网页的应用范围。

（二）素材库中的体育课件

这类教学课件一般由网络学院或教育技术学院编制和提供，涉及的学科广泛。与此同时，不少学校还提供相当规模的体育教学课件，这些教学课件网页一般都是由该校网络管理中心或教育技术中心负责运营与维护，这些网页一般都有关于不同体育项目的文字说明、图片介绍和精彩赛事剪辑。因为这类体育网站的开设，缺少了一些体育方面的专业人员，所以在内容的设置上，往往缺少了一定逻辑性和连贯性，也不能根据体育教学的某些规则来安排页面的层级。该类网站主要由两个部分组成：一是体育护理理论网站，二是体育技术教学网站。在体育技术教学网页中，设置了针对不同运动项目的教学课件，其中包含了对该运动项目的基本情况介绍、比赛规则、技术战术讲解、动作要领、重点难点、精彩比赛剪辑等内容。部分素材库将与部分其他专业体育素材网联系起来，以扩展学校以外的体育资源。

（三）校园网中的体育社团网页

体育社团网页指的是学校内的各个体育社团组织，通过校园网开设的一个简单的体育页面，通常都是由该社团的成员来负责管理和维护。一般来说，每个社团的网页都会以某一项运动为主题开展，并且这种运动项目往往都是学校中比较受欢迎、水平较高的项目。

在网页上，一般情况下都会包含极为丰富的内容，如社团的简介、社团的章程、教学课堂、会员组织、本社历年的参赛作品、精彩的图库，还有一些体育社团将国内外比赛报道上传到网站，以及优秀运动员的最新动态简介等，与众多的相关专题体育网站都在这个页面的底部有着大量的链接。在校园网中，大部分的体育社团网页都是由学生们自己来维护的，这样做的目的

就是让本校的学生更好地认识这项运动，同时也为了扩大本体育社团的知名度，提高其在学校内外的影响力。

（四）BBS 论坛

BBS 是一种电子公告板，主要是供人们对某一问题表达自己的观点。体育运动本身就是一个非常吸引人的主题，通过调查发现，BBS 讨论大量集中在对竞技体育比赛消息的转载和评论上，也有一部分是学生们亲身参加体育活动的感受和体会，以及对所碰到的问题求助于其他同学的帮助。

互动性是论坛较为主要的特点，其表现在如果有学生提出问题或者发表意见，可以得到其他学生的帮助或者参与讨论。在目前的大学论坛中，以运动为主题的校园论坛已成为一种热点。

二、现代信息技术与高校体育教学

（一）现代信息技术在高校体育教学中的应用

1. 电子板书代替手写板书成为体育理论课教学的基本形式

在现代信息技术不断发展的背景下，人们的生活模式和生活内容都在不断地发生着变化，计算机文化、网络文化已经渐渐地变成了人们生活中的一种日常文化，而在当今社会中，信息能力也越来越多地变成了人们最基本的一种生存能力。所以，在教学中有必要加强训练学生获取信息、检索信息、分析信息和加工信息的能力，信息能力同样应成为教育培养目标。由此可见，要想建构新型的教学模式就必须要应用现代信息技术，而现代信息技术的中心就是计算机。电子板书在现代信息技术迅猛发展下应运而生，它让老师们不再为"吃粉笔灰"感到担心，极大地释放了他们的压力。电子板书（目前主要是 Microsoft Word 和 Microsoft Powerpoint）在国内的大学里迅速流行起来，因为体育教学的特殊性，所以电子板书目前还只是在体育课室和理论课中使用。

2. 多媒体技术在各高校体育教学中得到不同程度的应用和发展

应用信息技术可以构造各种体育教学环境，如多媒体综合教室、多媒体

计算机网络教室、电子阅览室、校园网、基于 Internet 网的远程学习系统等。将多媒体技术、网络技术及虚拟现实技术运用于课堂教学，可以创设并呈现多种趋向真实的体育学习情境，将学习融入现实生活，启发学生思考和探究。由于硬件、软件以及其他方面的条件不同与制约，各个院校体育教学对多媒体技术的运用程度也是不一样的。制作好多媒体课件，需要教师有一定的信息技巧。目前，课件制作以 Authorware 为主流；Powerpoint 在演示类中的应用比较多，Flash 在 Gif 动画制作方面的应用居多。

3. 高校体育网络远程教学开始起步

远程教育的兴起不但标志着教育技术的革新，而且也改变了数千年来传统的学院式的教学模式。20 世纪 90 年代中期，国际互联网的迅速发展，为建立以因特网为基础的现代远程教学系统奠定了基础。未来的教育，将会是一个全球性的、完备的、网络化的教育系统。在新世纪，体育是在教育领域中是最具活力的学科，为此，探索体育教育的改革与发展，是实现现代远程体育教育的一条捷径。现代体育远程教育管理系统是以分类管理体育网络教学资源为主，以建设统一体育教学资源库，该系统对各类体育网络课件制作与教学提供有力信息支持。现代体育远程教育管理系统包括远程教学管理系统、课程学习管理系统、授课学习系统、考试管理系统、信息查询系统、计费管理系统、数据统计与分析系统、体质监测系统、运动技术评价系统等。

在当今社会的变化与发展中，体育教师必须不断地进行知识的更新，更多的人渴望获得体育健身方面的指导，但又不能找到相关的途径。在函授-电大-网络教育这个远程教育体系中，体育远程教育仍然采用函授这种传统的教育形式，远远不能满足体育工作者和体育爱好者对继续教育的需求，借助网络教育的形式，对体育教学进行开发和扩展已经成为必然。现代远程体育教育，除了传统的体育教学方法的数字化、网络化以外还有很大的不同，有些具有前瞻性的机构和学者已经开始了探索和研究，开发出了田径、排球、体操等体育课程的教学课件，并在教学中应用。

进入 21 世纪后，以多媒体、网络和智能化为主要特点的现代信息技术冲击着大学体育教育，给大学体育教育的发展提出了新的要求。传统的教育观

念已无法充分体现信息技术在大学体育中的功能。教师的教学方式由单一的教学方式转向现代网络和多媒体教学，已是大势所趋，体育教学模式也由最初封闭的校园教学逐渐过渡到开放式网络化教学，体育教学方式趋向于终身体育教育的发展，而不是一次性的学校教学。新型信息手段在学校体育教育中的运用，使其由仅对大多数学生进行教育变为满足每一个学生个体需要。在新信息技术不断运用的情况下，教师们很可能会对体育网络远程教学模式进行研究，其发展前景非常乐观。高校要充分发挥自己的优势，积极探索，加强与社会体育机构的联系，构建符合我国体育专业特点的、符合我国国情的、面向社会与未来的体育教育网络平台。

（二）现代信息技术应用对高校体育教学中师生的影响

1. 对教师的影响

（1）教师角色的重新定位

现代信息技术的运用，使得体育教学中的"教师本位"地位有所削弱。网络条件下，教师和学生所拥有的权利产生了新的内涵。在这种互动中，权利的重心也随之转移，从而导致了权利资源在教育领域内的再分化和再整合，这无疑给传统的教师角色带来了巨大冲击。

在传统的体育教学模式中，教师总是起着主导甚至是主体性的作用，而在网络教学模式中，教师作为"知识传授者"的作用与网络教学已不相适应。相对于传统的课程，学生对网络的运用具有明显的特点：重心从过去的"学科"转变为"学生发展"；课程的教学内容由教师与学生在交流互动中共同构建，而非由专家编写的教科书，网络教学的这个特点决定了教师在课程中要扮演课程的组织者、情感的支持者、学习的参与者、信息的咨询者。另外，由于网络教学的异步性，使得教师的职责不能仅仅局限在课堂上。因此，对课外体育活动的指导也应该更加广泛。如教师利用业余时间为学生解惑、教师开发网络教学素材等，这都需要教师能够适时进行角色转换。

教学方式的变化，也要求教师在教学活动中对自身的角色进行再定位，并随着教学目的的变化，在教学过程中适时地进行角色的转换。在某些大学的体育网络实践教学过程中，由于很多教师没有正确地认识到自己的角色，

没有能够在新的教学方式下满足学生的角色要求，从而出现了很多网络教学的"名不副实"现象，造成了教学效果的下降。

（2）对教师素质提出更高要求

许多教师在教学过程中，没有将对网络资源和多媒体课件的运用充分地发挥出来，这主要原因是这些教师的计算机网络技术水平不高，而且他们对网络教育的本质还没有深刻的认识，不能将网络教学的目的完全落实下来。目前，我国高校、科研院所等的网络资源资料库建设工作还处于起步阶段。在体育教学中，大部分体育教师都没有自己开发和维护自己的教学素材。在教学过程中，网络教学和面授教学之间存在着很大程度上的脱节，学生仅仅是在教师的要求下，通过自己的方式进行网上学习，教师基本上不能对他们进行网上指导，面授也是一种独立于网络教学而独立存在的现象。如何把这两个方面有机地结合在一起，形成一个整体的教学模式是一个难题。这也是当前一些大学虽然开展了网络教育，但是却没有取得显著成效的一个重要原因。

2. 对学生的影响

现代信息环境下的体育课相对于传统的体育课来说，是一种新的体育课制度，它包含着一个新的内容，即学生的网络自主学习。通过网络资源开展自主学习这一途径，拓展了传统体育课的功能，同时也给学生带来了与之相适应的影响。

在此基础上，提出了一种基于网络的体育教学模式，旨在为高校体育教学提供一种新的途径，体育教学资源和素材变得更加丰富，在不同项目技术学习方面，学生的选择性更强。同时，通过网络学习，可以使学生获得更为及时、准确的有关体育的知识与信息。这样，就可以使学生对体育的知识和信息有一个更加深刻的认识，而不是简单的教师讲授。此外，在学习过程中，学生的自主学习能力在网络教学中更加突出。这种主动性利于学生掌握自己感兴趣的体育知识，对学生的帮助更大。

网络教学模式的理论依据是建构主义的学习理论，它强调的是学生的主体地位。这一教学理念需要学生由接受外部刺激与知识灌输的被动接受者，向积极构建知识意义的促进者与帮助者过渡。所以教师有必要运用新的教育

思想、新的教学方法以及新的教学设计来更好的帮助学生达到这一目的，同时也要做好教学过程。该教学模式可以给学习者提供一个丰富多样、图文并茂的互动人机界面，同时，也能构造出按超文本结构编排的大型知识库与信息库，更加符合人联想思维与记忆的特点。这些特征能轻易吸引学习者的注意力，有利于调动学习者的学习积极性。网络教学这一形式确实达到了使学习者积极主动地建构知识，从而使学生通过独立地获取知识，自我更新等方式达到促进学习的目的。

网络教学模式下学生获取体育知识信息的来源排序依次为：电视广播、网络资源、体育课的学习、报刊书籍、与人沟通。传统教学模式下学生获取体育知识信息的来源排序依次则为电视广播、体育课的学习、报刊书籍、网络资源、与人沟通。由此可见，网络教学技术的运用，改变了大学生对体育知识的获得方式，使其获得的知识总量得到了极大提高。学生们利用网络媒介所获得的体育知识和信息，要比体育课上所教授得更多。这表明，网络教学已经能够代替老师的课堂授课，并且在知识量的获取方面，远远超过了传统的老师授课方式。

传统的教学方式发生翻天覆地的变化是因为现代信息教育技术在体育教学中的运用，相比较以前的传统教学方法，现在的教学观念更加重视发展学生个性和以人为本的教育理念。学生可选择的学习内容较多，有利于调动学生的学习积极性，进而提高他们的学习兴趣。高校体育课采用网络教育技术，改变了高校体育课学生在解决体育课问题和获取体育知识的途径。在传统的教学模式中，学生解答体育题目的主要方式往往是向教师或向同学请教，但是在网络教学的背景下，学生解答题目的方式发生了巨大变化。通过网上查询获取有关体育的知识，以"解题"为主的方法，已成为大学生课外补习的重要途径。

在网络教学中，采用"自主性"的学习模式，有利于培养学生的独立思考能力。频繁利用网络素材进行网络教学的学习，已经对学生信息素养的形成产生了潜移默化的影响。有些学生在无意识中将网络学习视为其终身体育学习的主要途径，这对构建学生终身体育体系具有重要的现实意义。

（三）现代信息技术在高校体育教学应用中存在的问题

1. 现代信息技术在高校体育教学中应用的信息分化

信息分化这一概念源于英文中的多个词语，如 Information Divide、Information Differentia-tion、Information Haves、Have-Nots 等。这些英文词语在中文中有多种译法，如信息分化、信息分裂、信息鸿沟、信息区隔、信息差距等，算起来恐怕有近十种。将这些词语翻译成信息分化，更充分地反映了其具有的两个层面的含义：一是信息差距，信息区隔和信息差距是社会存在状态、信息贫富差距等这一层次的意义，是指社会上存在的信息差距；其二，它是一个社会变化过程中所包含的含义，它包括了信息分化、信息分裂、信息间隙扩大、信息鸿沟扩大等所有含义，它显示了一个社会上信息间隙不断扩大的趋势。

信息分化是一个崭新的概念，其基本含义是：在现代社会信息化进程中，随着信息技术的快速发展和高效使用，人类社会中各种信息活动主体间出现了信息鸿沟，并呈现出一种持续扩大的社会分化现象。所谓"信息分化"，就其本质而言，主要包含三种情形：一是不同信息资讯的主体在资讯交流与资讯占有上的鸿沟；二是各信息主体间信息鸿沟的形成和发展趋势；三是由于信息鸿沟的存在与发展，各信息主体间产生了一些特殊的社会性差异。

信息化时代开始后，信息的价值空前提高，信息的作用越来越大。20 世纪 70 年代以来，由于信息技术的迅猛发展，信息分化也日益严重。信息技术在高校体育教学应用中确实存在这样一种现象：一方面是一些条件好的大学，比如北京体育大学、武汉体育学院等，通过比较先进的信息技术的有效利用，广泛地开发信息资源。这些信息技术条件好的学校已经开设了体育信息技术专业，培养专业的体育信息技术人才，走在体育教育领域里信息技术应用的前列。另一方面是一些信息技术条件较差的高校未能或不能利用先进的信息技术条件来开发体育信息资源，成了信息的贫乏者。有些高校信息技术在体育教学中的应用还仅仅停留在电子板书代替手写板书的层面，这是信息技术利用极不充分的表现，而且这类高校占了我国高校的大部分。正是现代信息技术的发展，才使信息资源转化为社会财富成为可能，也正是在这种情况下，

才有了不同信息主体之间因为信息技术的占有与利用的不同而造成的社会分化现象。可以说，如果没有现代信息技术的迅速发展和有效利用，这种信息化是不可能在当代社会中凸显出来的。

2. 现代信息技术在高校体育理论与体育学科教学中应用的差异性

目前，全社会的信息化已经启动，高校体育教学的信息化无论从社会的需求、自身的发展和实现的条件来看都为期不远了。论及现代信息技术在高校体育理论与体育学科教学中应用的差异性，首先要对教学和体育教学有一个清晰的概念。教学作为一种特殊的教育活动，它是指在教育目标的指引下，由教师所教和学生所学构成的一种行为。在教师们有步骤地、积极地引导下，学生们可以学习到一系列的科学、文化的知识和技能，还可以锻炼他们的智力和体能、陶冶他们的情操、培养他们的审美能力，同时还可以塑造他们全面发展的人格。

今天，体育教学已不限于学校体育，它还涉及竞技运动和社会体育的教学，但学校体育的目的、任务主要是通过体育教学来实现。所以我们对体育教学的界定是：学校教育过程中学生在老师有目的、有计划、有组织的引导下主动掌握技术与技能、促进身心健康、增强身体活动能力、适应自然与社会环境、养成良好思想品德、张扬个性的一个教育过程。

在大学体育教学中运用信息技术，要突出信息技术为课程服务的重要性，要找到信息技术可以在哪些方面加强学生的锻炼效果，培养他们的终身体育观念，提升他们的综合素质。体育教学主要包括理论教学和术科教学，而术科教学又是高校体育教学的主要部分。针对理论与学科教学的差异性，现代信息技术的应用也应"随机应变"。相对来说，信息技术在理论课教学中较易实现。如何在高校体育理论课中应用信息技术，实现信息化教学呢？第一，信息技术作为演示工具，教师可以利用现成的教学软件或多媒体教学库选择适合自己教学的内容进行演示。另外，体育教师也可以自己编写演示文稿或课件，还可以利用模拟软件或计算机外接设备，来演示某些试验现象，帮助学生理解所学知识。第二，利用信息技术获取学习资源，例如，体育教师可以通过指导学生通过上网等方式获取符合自身实际的体育学习资源。第三，将信息技术作为交流工具。多媒体技术具有交互性和共享性，因此利用多媒体技术，可以制作恰当的理论课程课件，实现与电脑的人机交互，使学生更好地完成学习任务。同时，通过电子邮件、体育论坛、电信视讯等方式，可以使师生间的联系更加紧密。在此基础上，以大学体育理论课程为实例，对现代信息技术的应用进行了分析。

随着科技的发展，多媒体技术的应用越来越广泛，体育教学与其他学科的教学内容、教学手段、教学方法等都发生了很大的变化。尤其是运用多媒体技术，较好地解决了目前高校体育理论教学中存在的教学内容单调、死气沉沉等问题。多媒体课件为学生提供了一个信息渠道，它包括了视觉、听觉和其他各种信息。在教学过程中，老师可以按照自己的需要，对两个或多个的图、像、文、声以及其他各种信息进行任意获取、加工、编辑、存取并展现出来，这就让原本单一的教学过程变得更加形象、生动、活泼。通过图文相结合的表现方法，把各种复杂而抽象的运动生理、生物力学和运动形式刻画得淋漓尽致，再配合上色彩鲜艳的动画展示，让学生们可以对各种运动状态进行模仿，通过简单、易懂的分析，让学生们对课本上的知识有一个清晰的了解。同时，多媒体提供的人机交互信息反馈方式对激发学生学习兴趣、发掘个人潜能等方面都具有特别重要的作用。

就高校体育术科教学而言，所需要的信息技术环境与条件相对较高，这就给体育教师提出了更高的要求，既需要其具备深厚的体育专业知识与技能，也需要体育教师具有必要的信息技术技能，并且能够把信息技术融入体育学科技能的教学实践当中。目前，适用于高校体育学科教学的课件相对理论教学的课件要少得多，体育学科课件的制作对体育教师和能力要求更高。我国体育教师队伍的整体文化素质偏低，具有较高专业技能与信息技能的大学体育教师数量相对较少，这对信息资源的自主利用以及信息技术在体育领域中的推广造成了很大的障碍。为了将信息资源和信息技术在体育学科技能教学中的应用发挥到极致，只有持续提升现有的体育教育工作者的文化素养和信息素养，重视吸收复合性体育信息技术人才来丰富大学体育教育工作者队伍，才能推动整个体育教育事业不断向前发展。

在体育运动中，有许多运动技术不仅结构复杂，而且需在一瞬间完成一连串复杂的技术动作。例如，跳跃项目中，挺身式跳远的展体、俯卧式跳高

的转体等动作都是日常生活中没有过的运动动作，这给教学带来很大难度。一方面，教师示范动作受到很多因素制约，比如教师对于动作的认知程度、教师年龄、真实身体状态和心理因素等，这些因素使教师在示范动作时不可避免地带有一些随意性。另一方面，学生在示范动作观察的视角与时机上又存在着局限性，因其动作迅速且综合难度大，学生难以对老师的示范动作有一个完整而明确的观察，这势必在一定程度上影响了学生的学习。通过多媒体课件的使用，老师能够把自己很难演示的技术环节通过课件上的动画或者图像，采用慢动作、停镜重放的教学手段，并结合讲解演示的方式展现在学生面前，从而使学生对各动作技术细节看得更清晰，教师对各分解动作要领解释得更透彻，对动作全过程展示得更充分。

动作形象形成得快、完整，有利于学生在认识阶段对动作的学习，提升教学效果，缩短教学时间。在此基础上，通过计算机辅助教学，可以有效地提高学生的分析与解决问题的能力。运用现代信息技术，将各种不同的运动技术、技术难点重点、常见的错误动作制作成课件，在课堂上让学生们观看，并与他们一同对这些课件进行分析对比，提出问题，对这些问题进行解答，这样能够提高学生的分析和解决问题的能力。通过这种方式，学生既学会了相关的知识，又学会了相关的技术，同时也学会了相关的学习方法。再比如，在教学"鱼跃"时，学生对跃起的感觉难以掌握。在滚翻的时候，身体很容易垮下来，但老师在演示的时候，也只能是一气呵成，一旦放慢速度，就很容易出现错误。因此，如果使用多媒体来进行演示，那就变得简单多了。

现代信息技术应用于体育教学，其体育教学过程中教学内容、方法、组织形式的安排仍需要严格遵循体育教学的基本规律和体育教学原则，而不是凭空想象，否则就会偏离体育教学的目标。体育文学的基本规律包括学生身心发展规律、认识事物的规律、社会制约性规律、动作技能形成规律、人体生理和心理活动规律、人体技能适应性规律。体育教学原则包括自觉积极性原则、直观性原则、因材施教原则、身体全面发展原则、合理安排心理负荷原则、循序渐进原则、巩固提高原则等。

当然，现代信息技术在高校体育理论与体育学科教学中应用的差异性不能绝对化。体育理论和术科技能教学统一于体育教学这个系统，既要注意差

异性，又要注意整体教学效果，因时、因地制宜地应用与整合信息技术，才能最终提高整个体育教学的质量。

（四）现代信息技术在高校体育教学中应用的有效性

在当今信息时代，学习化社会的背景下，如何有效地利用信息技术是每个教育者面对的重要课题，如何使现代信息技术在高校体育教学中应用发挥最大的效用性是体育教育工作者应该考虑的重要问题。建构主义理论之所以在 20 世纪 90 年代风行，就是因为多媒体和网络技术为建构主义学习环境的实现提供了理想的条件；建构主义学习理论与教学理论，则为实际体现多媒体和网络技术教学应用优越性的以学生为中心的教学模式提供了理论基础。

建构主义学习理论是认知主义学习理论的一个重要分支，建构主义学习理论强调学习就是一个获得知识的过程。然而，学习并不是仅仅依靠老师的传授才能获得的，而是要在一定的社会文化背景下，借助他人，包括老师与学习伙伴，运用必要的学习资料，通过自身的努力来构建。建构主义学习理论强调以学生为中心和主体，强调情景对知识构建和学习的作用，强调利用各种资源来进行学习，强调教师对学习环境的设计，强调教师对学生的督促、激励和帮助，强调协作学习对知识建构的关键作用，强调在教师指导下的自主学习和协作学习。建构主义的学习观要求我们对运动的本质进行重新认识。从外部看，体育知识是一种社会建构，这一论点的依据是：体育知识的基础是体育运动知识、约定和规则；个人的主观体育理论研究成果转化成使人普遍接受的客观体育知识，需要过程。从内部看，体育技术具有高度的形象性特征决定了体育发展是感性知识的建构过程。

现代信息技术弥补了传统体育教育技术和手段的不足，改变了传统的体育知识储存、传播和获取方式，这具有教学方法变革的意义。众所周知，网络信息浩如烟海，但信息多了等于没有信息，不经过选择的信息往往是泛化的、大而无当的信息。只有清楚地认识到现代信息技术教学与传统体育教学之间存在着的不同之处，在技术信息与教学内容、教学方法之间，明白影响教学的决定性因素是教学内容和教学方法，只有充分利用现代多媒体技术的

优点，认识到其存在的价值，才能对其进行合理、正确的运用，才能使其真正地迈入现代多媒体教育的时代。体育教学主要是在宽敞的场、馆、池等空旷环境中进行的教学，是通过教师的讲解、示范以及学生的反复身体练习来完成。信息技术的应用要服务于整体教学目标，才能发挥真正的效用。

有效性主要涉及的是教育评价问题，在评价高校体育信息化教学设计时，主要考虑几个方面：首先，信息技术的应用是否能真正有利于提高学生体育学习的效果；其次，信息技术与体育教学的整合是否合理可行；最后，其是否能够有效评价学生的体育学习效果。通过专业的高校体育教育评价机制能及时发现信息技术在高校体育教学应用中的各种问题，从而对信息技术在教学中的应用不断进行调整、改进和完善，进而不断提高体育教学水平。

第四节　高校体育专业学生的培养

一、高校体育专业学生概述

（一）高校体育专业学生的身心特征

1. 身体特征

（1）身体形态

高校体育学生身体形态发育明显减慢，身体形态发育有明显的性别差异。绝大多数大学生由于生长激素的抑制，身高、体重和各器官的发育已相对稳定，身体各部分的比例、体格、体型等近似成人。男子表现为上体宽粗，骨盆窄，下肢细，喉结突出，声带加宽，发音低沉，肩增宽，胸呈前后扁平；女子则表现为上体窄细，骨盆宽，下肢较短、粗，乳房突出，声带变长，嗓音尖细，臀部增大，肢体柔软丰满。

（2）生理机能

① 神经系统

高校体育学生大脑发育逐渐成熟，神经过程的灵活性提高，神经系统的

机能已达成人水平。第二信号系统（指抽象的刺激信号，如语言、文字）发展迅速，它与第一信号系统（指具体的刺激信号，如声、光、电等）更加完善，分析与综合能力显著提高。

另外，因为体内的神经活动具有高度的灵活性，所以神经细胞有很强的物质代谢功能，通常会容易感到疲倦，但是很快就能恢复过来。脑细胞内部的结构和机能的复杂化过程迅速发展，致使大脑皮层的发育状况在一定程度上呈现出一种跳跃的状态，这为发展思维创造了良好的物质基础。

在对高校学生进行培养时，应该将学生生理成熟的程度作为依据，从两个方面展开相关工作：第一，要求他们学习复杂、深奥的理论知识，承担较重的学习任务；第二，在学习上必须劳逸结合，以免负担过重，影响其神经系统以及整个身体的健康程度。

② 心血管系统

心血管系统是人体发育最晚完成的系统，由心脏和血管组成，担负着人体新陈代谢的任务。心血管系统的健康是人体健康的重要标志之一。

大学生这个年龄阶段以前，心脏重量及容量比成人要小，心肌纤维短而细，弹力纤维分布较少，收缩力较弱，每搏输出量和每分输出量也较成人少。到大学生年龄阶段后，心脏在形态和功能上均已达到成人水平。心脏质量约为300~400克，心脏容积达到240~250毫升，心跳频率每分钟65~75次。在这一时期能够承受较大的运动负荷。

③ 运动系统

骨骼发育一般在25岁左右完成。随着年龄的增长，骨骼内质地较柔软的有机物和水分逐渐减少，较坚硬的无机物逐渐增加；骨密质增多，骨骼变粗变硬，能承受较大压力。到大学高年级时，骨化基本完成，身高不再增高，肌肉发育在30岁左右完成。随着年龄的增长，肌肉中水分明显减少，有机物增多，肌纤维增粗，横向发展较快，肌肉重量不断增加，肌力增强。

高校学生的关节由于软骨较厚，关节囊韧带伸展性大，关节周围的肌肉细长，所以关节活动范围大，但牢固性较差，在外力的作用下易脱位。因此，要提高关节的柔韧性，就必须重视球类在健身运动中对关节牢固性的训练。

④ 呼吸系统

大学生肺脏的横径和纵径都继续增加，肺泡体积也随之增加，男生尤为显著。由于呼吸肌增强，频率减慢，深度加大，肺活量增大，呼吸系统发育日臻完善。我国高校男生的肺活量一般为 3 800～4 400 毫升，高校女生一般为 2 700～3 100 毫升，但近年来，这两个数字都有不同程度的下降。因此，在这个时期应当加强体育课的比重。

（3）生殖系统

青春发育期生理变化的重要特点主要体现在性激素增多，性机能迅速发育。性激素的作用主要体现在：第一，促进第一性征生殖器官的发育成熟和第二性征的出现；第二，促使骨骼的生长发育和骨骼的闭合；第三，促进肌肉的增长，并提高大脑的兴奋度水平；第四，促进智力的发展。

我国男女青春发育期平均年龄在 12～17 岁。但要达到完全成熟的水平，还得经过一些时间。大学生已经历过青春发育期，一般女子在 18 岁、男子在 20 岁生殖系统的发育达到成熟。

对高校学生进行培养时，应该注意以下几个方面：第一，加强生理卫生的指导以及正确对待婚姻恋爱的问题；第二，引导大学生把注意力集中于学业上。

2. 心理特征

在高校体育教学中，学生心理发展特征主要表现以下几个方面。

（1）自我感显著提高

自我认识和评价水平显著提高，表现在自我认识的自觉性和主动性较强，能根据周围的人对自己的各种态度来评价、认识自己，也能将自己与别人进行对比来评价自己，自我评价的客观性有所提高。自我控制愿望明显提高，有了明显的自觉性和主动性，并逐渐以社会标准、社会期望、社会条件为评价标准。

（2）突出的自尊心

表现为对真诚赞扬的尊重，批评常使自己感到内疚和羞愧，嘲笑更会让其难以忍受。

（3）独立意向强烈

要求自主和独立，要求摆脱对成人的依赖。当这种意向因某些原因受阻

时，学生会产生不满、对立情绪或反抗行为。

（4）认知能力达到高峰

认知活动是人最基本的心理活动，它包括观察、记忆、思维等。人们进行各种认知活动所表现出的能力，统称为认知能力，即智力。大学生的认知能力已发展到一定水平，主要体现为：观察力明显增强，记忆处在最好的阶段，抽象思维和逻辑思维逐步占据上风。

（5）个人情感日益丰富

情绪是人对客观事物的一种态度，是个体与环境、事件之间的一种反映。大学生正处于风华正茂的阶段，个人情感日益丰富。他们不再像中小学生那样天真、淳朴，而是随着年龄的增长，情绪波动性逐渐减弱，但遇事也容易情绪化，情感日渐复杂，突出表现为对事物的爱憎感。所以，要学会提高个人修养与内涵，多读书，培养写日记的习惯，积极参与运动，这些都会使情绪获得适当的抒发，有利于情绪的控制与调节。

（6）意志品质尚不稳定

意志品质是指一个人的果断性、坚韧性、自制力。大学生的意志品质明显增强，具体表现为能主动、自觉地克服困难，在行动中清晰地意识到自己行动的目的性和社会意义。在多方面压力影响下，大学生的独立倾向明显，自觉性增强，并能在行动中清晰地意识到自己行动的目的性和意义，但是大学生意志品质仍然处于不稳定发展期，不少学生常表现出优柔寡断、举棋不定、草率、武断等情绪。

（7）性格基本形成

性格是一个人对现实的稳定态度和习惯性的行为方式。由于大学时期学生个性倾向日趋形成，自我意识不断发展，高校学生在意志、理智、情绪等方面也逐渐朝着稳定方向发展。但是大学生的性格发育尚不成熟，还必须进行性格的自我完善，为成才创造良好的主观条件。

（二）高校体育专业学生的主体性

1. 主体性的体现

学生的主体性指的是，在体育教学过程中，学生作为学习的主体，在教

师的指导下，他们所展现出来的一种积极的态度，以及一种具有独立创造性的学习行为。学生学习的主体性是通过学生自身的主观能动性获得的。在高校体育教学中，学生主体性地位的表现主要在学习内容的选择性和学习的主动性两个方面。

（1）学习内容的选择性

在体育学习的过程中，学生的选择性主要表现在对学习内容的选择和对学习方式的选择上。在传统的学校教学中，一味遵循着老师讲、学生听的教学模式，教师成为课堂的权威，甚至学生的一些奇特的想法也被看作是扰乱课堂秩序。而现代教学则认为，只有学生能够在课堂中充分发挥想象，或者选择自己感兴趣的内容学习才能起到教学效果，这在体育教学中也非常适用。为了使学生在其感兴趣的领域内得到更好的学习和深入的发展，教育部门开始提倡一些学生主动参与教学内容选择。例如，有些条件较好，硬件资源充沛的学校开始尝试选择性体育课程，即在体育课中设立足球、篮球、田径、乒乓球等课程，学生根据自己的喜好自主选择想学习的课程，这也是借助学生"我要学"的兴趣动机来调动他们积极性的措施。因此，让学生在教学目标的框架内参与一部分教学内容选择，这是学生主体性发挥的需要和必然。

（2）学习的自主性

在高校体育学习过程中，学生的自主性主要包括：第一，对自己学习的策略有着独立的意识，这主要体现在思想意识层面；第二，对体育学习活动有着一定自我支配、自我调节和控制的可能性，这主要体现在个性化学习方式和个性化学习行为方面；第三，在学习的过程中，使学生的潜能得到最大限度的开发。学生具有丰富的想象力、适应能力、创造能力等多种潜能，这些潜能都是通过探究式学习来体现的。

2. 主体性的发挥

首先，在高校体育教学中，教师想要达到的教学目标就应该和学生学习的目标一致，即教师要知道为什么而教，想让学生通过课堂的教学学会哪些知识或哪些运动技能。但是仅仅这样是很不够的，体育教师还要将教授的目标转化成学生学习的目标，即"我要懂得什么""我想学会些什么""我想体验到什么""我想形成些什么"等。只有这样教师才有"将学生导向教学目标"

的可能性，教师在教学前的重要工作就是"站在学生的立场上看待目标"。

其次，随着现代科技的飞速发展，越来越多的设备被运用到高校体育教学中，教学方法也就随之丰富了起来。要想发挥学生的主体性，除了让学生选择自己感兴趣的运动项目外，还可以让学生按照自己乐于接受的且具有独特个性的学习方法学习，以此一改以往被动式学习方法。"选择"的存在，使得学生的学习方式从被动变为了主动。这就需要逐渐在高校体育教学领域中加强自主性学习和研究性学习的比重，创设一种通过学生自发地、独立地发现问题、调查、搜集、实验、表达与交流等学习方式，鼓励培养学生自主探索的精神和创新意识。

二、高校体育专业学生的培养策略

高校体育教学归根结底是为了促进学生的全面发展，因此，为了达到这一目的，就必须采取一些力求改进体育教学的方式，促进学生发展的措施。

（一）贯彻科学教学思想，树立先进教学观念

为促进学生的发展，首先需要贯彻科学体育教学思想，树立先进教学观念。我国提出了"以人为本"和终身体育的体育教学理念。在"以人为本"的思想观念下，需要在教学中树立起以学生为中心的观念，从学生的需要和兴趣点入手，让他们选择教学的内容，以培养学生的综合素质作为教学目的，以终身体育奠定基础进行体育教学，将体育锻炼的理念融入学生的日常生活中，以这些体育思想为指导，我国的体育教学创新就会顺利进行。通过教学观念的转变，调动起学生学习的主动性和积极性，使学生的智力得到开发，鼓励学生进行自主性学习和创新性学习，激发学生的学习热情和最佳状态，达到最佳的教学效果。

（二）改革体育教学，提高现代教学效果

促进高校学生的发展，改革体育教学非常重要。首先要丰富体育教学内容，运用新的教学方法和现代化的教学手段，对我国高校的体育教学内容进行充实，这就要求在体育教学中融入一些开展广泛的、新兴的体育项目，一

方面可以激发学生学习的兴趣，提高他们学习的积极性，另一方面也可以促进这些体育项目的开展，促进全民健身和终身体育的发展。

在教学方法和教学手段方面，我国传统的体育教学方法有一定的优势，但与新的体育教学方法和教学手段相比，对体育教学起的作用有限。因此，运用新的教学方法和现代化教学手段是体育教学发展的必然要求。新的体育教学方法和现代化教学手段能够使体育教学的内容得到生动直观的展示，有利于学生掌握体育知识，并且会使体育教学课堂变得妙趣横生，使每个学生的积极性都得到调动，使体育教学的效率得到提高。

（三）提高教师综合素质，创造良好教学环境

教师在体育教学中的作用是极为重要的，他们不仅为学生传授知识，解答疑问，在很大程度上，他们还是学生的榜样。体育是一项集技术、意识、毅力、品德于一体的项目，体育教师往往能够给学生带来更多阳光向上的气质，这些都对学生起着潜移默化的引导和示范作用，因此教师队伍的质量关系到学生的成长和体育教学的发展。加强师资队伍的建设，要求培养体育师资的体育院校和专业严格要求，认真考察，切实提高师资队伍的综合素质，为高校师资队伍提供优秀的资源，壮大体育教学的师资力量。

对于目前的高校体育教师来说，要严格要求自己，多加学习，抓住进修和深造的机会，提高自己，同时要多向有经验的老师进行学习，借鉴他们的经验，还要做到与时俱进，努力掌握现代化的教学方法和教学手段，提高自身的教学技能。高校也要采取措施，为教师的深造和培训创造条件，同时要加强对体育教学的重视，调动体育教学师资的积极性。体育教学环境影响着体育教学质量的高低和学生学习的效率，高校领导要加大对学校体育的投入，完善体育教学设施，创造良好的体育教学环境，为体育教学的顺利进行和学生的健康发展提供条件。

第四章
高校体育教学方法的创新

本章为高校体育教学方法的创新，分别从高校体育创新教学方法的基础理论、高校体育创新教学方法的视角、高校体育创新教学方法的选用与实施、高校体育创新教学方法的发展阐述。

第一节　高校体育创新教学方法的基础理论

一、创新教育理念的内涵与核心构成

（一）创新教育理念的内涵

创新教育的基本价值取向，就在于对学生的创新精神和能力进行培养，对于基础教育阶段的创新教育而言更是如此。创新教育要侧重于对人的创新潜能进行开发，对人的主体性进行激发，促进人的全面发展、个性发展，以及身心协调发展，素质教育不能缺少创新教育。

创新教育理念关注的是教育理念的创新性，是将增强创新素质、培养创新人格、养成创新人才作为出发点，以理性的视角对教育本质特性和根本规律进行认识、判断，是不断超越和创新自身固有的教育理念。创新教育理念有着根本性、简洁性、指导性、时代性以及系统性的鲜明特征。

创新教育一方面要求对传统的教育目标、方法和内容作出调整，另一方面要求对教育作出系统的改革，也就是说通过教育创新达到开展创新教育和养成学生创新素质的目的。创新教育在本质上不同于传统教育，如表 4-1-1 所示。

表 4-1-1　创新教育与传统教育的对比

项目	传统教育	创新教育
培养目标	培养解决精确领域问题的人才，即"知识生产者"	培养解决模糊领域问题的人才，即"生产知识者"
强调重点	模仿和继承，对当今社会的适应力	变动和发展，注重对未来社会的应变力
教学要求	低标准全面平推	高标准的单项突破
获取知识	着重储存、积累信息的能力	着重提取、加工信息的能力
学习态度	被动接受的态度	积极主动的态度
学习思维	集中思维	扩散思维
教学形式	提供结论性的东西，是结论性教学给学生现成的、唯一的标准答案	学习的思维过程，是过程性教学提倡探索的设想方案并进行选择和决策

对于创新教育理念，很多身处教学一线的体育教育工作者并未形成深刻、清晰的认识，更多的是将理念落实在实际的课程教学过程中。创新教育理念包含诸多内容，这些内容为：强化教学研究，反思自己的教研工作，对新型教学方法进行灵活选择，持续更新自身教育理念和教学理念，创建平等自由的学习环境，将创新教育理念结合于实际课程。此外，着眼于创新教育对学生的培养，其理念为：引导学生在玩中学，激发和提升其学习积极性，尊重其独立人格，训练其动手能力，发展其创新意识和思维，引导其形成合作精神等。

（二）创新教育理念的核心构成

从实质上看，创新教育理念就是对人的创新素质进行培养和提升，而创新素质主要分为三个维度：创新意识与创新精神、创新思维与创新人格、创新能力与实践能力。其中，创新精神和能力是核心，前者为基础，后者为提高。

在创新活动的进行中，创新意识是一种内在的心理倾向，表现在外在就是好奇心、求知欲、怀疑感、创新需求、思维的独立性等方面，对于创新心理素质而言是其形成的前提条件。其主要包括创新思维、创新个性、批判思维、求异思维、好奇和兴趣、独立与独创、自觉与果断、自制与毅力、自信与自尊、怀疑与求真等。

在创新活动进行中，创新能力是其对应的能力水平，外在表现就是创造性的观察能力、思维能力和实践能力。也可以细化为知识储备量、知识结构，悟性思维、逻辑思维、好奇心、求知欲、动机、意识、意志、注意力、观察力、分析力等。要培养学生的创新能力，必须要有创新意识这一前提，其能够对创新能力形成支配和强化作用；同时，培养学生的创新能力也有助于促进其创新意识强化。

创新意识和创新能力的培养不是短期就能够实现的阶段性任务，而是一个长期的系统工程，只借助课堂教学是难以收获理想培养效果的。必须要紧跟时代发展，结合社会实际，师生一起进行探究和创新，才有可能获得一定的创新成果，有效提升学生的创新素质。

二、创新教育理念对高校体育教学的要求

（一）对高校体育教师及教法的要求

1. 坚信创新的教育理念

（1）坚信每个学生都有创新的潜能

所有的学生都有无限发展的可能，都能够在合适的教育中发展出某种特长，成为创造性人才，教师应当重视对学生创新潜能的开发和挖掘的方式。

（2）坚信学生的创新素质有层次和类型的差别

每个学生都是不同的个体，教师要采取差异化的方式，结合实际情况，坚持因材施教，进行个性化教育；尊重学生的个性和差异性，包容和鼓励学生看似奇怪的想法和创造性行动；引导学生自主学习，保持质疑、批判的眼光。

（3）坚信学生是创新教育的主体

教师应当积极引导学生发挥自身主体性，开展自主学习，调动其能动性，开发其潜能，实施启发式教学，促使学生善于思考，敢于提问，善于发现、分析和解决问题，勇于质疑和批判。

2. 实施创新的教学方法

创新教学方法并非完全不同于一般的教学方法，两者间有一致性，也有特殊性。体育教师要从系统的视角出发，结合时代要求、社会要求，基于教育创新的理念，以培养学生创新素质为目的开展创新教育。

（1）发现教学法

在发现教学法当中，教师不能直接告诉学生每一步应该如何，而应当提供部分思路，引导学生独立思考。教师需弱化自身的主体性，以辅导者、指引者的身份，为学生的学习提供必要的帮助，调动学生学习的积极性和想象力，使其自主地、能动地对方法和技巧进行探索和掌握。

（2）问题教学法

在问题教学法当中，教室要以问题为中心进行教学设计，对常见的学习问题和困难进行总结，引导学生对其进行分析，尝试多种解决方法，直至最终解决问题。对问题进行创造性解决的过程就是提高创新思维的过程。

（3）开放式教学法

在开放式教学法中，反对死记硬背，反对对知识的机械理解和记忆，强调多种判断方法，强调对现有知识的变化和联系，强调能力结构的合理性和稳定性。学生需要对规定的刺激形成独特的、有变化的反应，例如，在一定的时间内进行 3 种以上的传球、接球动作。

（4）讨论教学法

在讨论教学法中，学生们以小组的形式开展交流和讨论，从而实现教学目的。在体育的讨论教学法中，体育教师可以以自由结组或者教师安排的方式进行分组，一般每组 6~8 人最为适宜。教师可以作为整体活动的主持人，在重要的环节进行引导，给每个学生机会表达自己的观点，以及对他人表达看法。这一教学法最为显著的特点就在于组内学生间的彼此启发，在合作中掌握知识和技能。谈论教学法比较适合教学目标大的教学活动，如制定战术等。

（二）对学生及学习方式的要求

1. 树立正确的创新价值观

第一，揭开创新的神秘面纱，使之从概念性、口号性的词汇，变成讲求实际的价值观，将之从书面性变得有实践性和可行性。创新并非空泛的、大而化之的概念，也体现在小处、细处，如新技术动作的练习。

第二，在创新面前不能抱有自卑心理，不要将之看作是科学家的事业，而要将之看作是每个普通人都能做的事情。

第三，挖掘每个细小的新想法、新做法或新设计，对其作出简短的评价，从而形成对自身创新行为反思、改进的习惯，正确认识自己所作出的创新行为及其价值。

第四，挖掘周围典型的创新实例，以此为榜样，挖掘自己的创新意识。对榜样进行分析和模仿，进而将之转化为自己的创新行动。

2. 掌握学习方法，改变学习方式

对于当前和未来的学习而言，单纯的知识和技能的掌握不再是学习的核心和重点，而是要学会自主学习，掌握学习方法。教师不再是僵化的知识和技能的传授者，而是扮演着启发者、指路人的角色，学生不再居于被动的地位接受知识和技能的灌输，而是对各种知识、信息进行辨别、筛选和思考。学生应当侧重于对学习方法和方式的掌握，敢于对教师的教学内容进行质疑，反思自己的缺点并改进。学生应当切实发挥自身的能动性，主动和积极地进行思考和探索，不能死板地等教师给出方法和答案。学生还应当积极与教师和同学沟通，积极表达个人的新想法和新发明。对新的学习方式进行探索和强化，以好学求知的态度对待种种事物，开发思维和潜能，并进行积极的行动，不怕失败，不怕走弯路，在错误中找到正确的道路，发展自身的发散思维和求异思维，强化自身学习能力，掌握学习方法，发展自身创新意识和精神。

第二节　高校体育创新教学方法的视角

体育教学方法创新是个新概念，属于体育教学改革领域，延伸自体育方

法学。其指导为现代教育教学理论，基础为体育教学实践，是建立于对体育教学方法的批判性继承，最终形成了新的教学方法，帮助受教育者在更短的时间内对运动技术技能形成良好的掌握，促使受教育者在学习的过程中增强创新意识和思维，提升求知欲。

一、高校体育教学方法创新的科学发展观视角

科学发展观主要是对我国改革开放和现代化建设实践经验进行的总结和升华，是党的执政理念的一种突破性成果，对社会主义现代化建设起着指导作用，也是体育教育的重要思想武器。

（一）科学发展观的内涵及精神实质

从字面上看，科学发展观是科学的、有关发展的观念。其中，"科学"是指观念应当是正确的、符合客观规律的、经过实践验证的。"发展"就是唯物辩证法视角下的一种向前的、上升的、进步的运动和变化。从本质上看，就是新事物的产生和旧事物的灭亡，是旧事物逐渐被新事物取代的过程，也就是说，是事物从小变成大、从简单变成复杂、从低级变成高级的过程。"发展观"指的是和发展的本质、目的、含义、要求等有关的宏观看法和根本观点，是从国家的视角关于"发展""如何发展"的整体的系统性观点，在根本上影响着国家全局的发展道路、发展模式和发展战略。

1. 科学发展观的第一要义是发展

科学发展观揭示了发展是解决所有问题的关键，是我们必须坚持的一个战略思想。科学发展观的发展是又好又快地发展，坚持科学发展观其根本着眼点是要用新的发展思路实现又好又快的发展。又好又快的发展是有机统一的整体，好与快互为条件，既相互促进又相互制约，不能把二者割裂开来和对立起来。又好又快，要求以"快"以"好"为前提，不能忽视增长的质量和效益，不惜浪费资源和破坏环境而片面追求一时的高速度。科学发展观所要求的发展不仅仅只是经济的发展，还有政治、经济、文化、社会、生态的全面发展。

2. 科学发展观的核心是以人为本

"以人为本"是科学发展观的核心，这是将马克思主义理论融合于我国社

会主义现代化建设实践的重要成果。"以人为本"在根本上就是要做到为了人、依靠人、尊重人，使科学发展的观点进入了新的境界。从字面上看，"以人为本"就是将人作为发展的根本，将人和人的发展作为社会建设的价值判断标准之一。

"以人为本"要求在社会生活中重视人的主体地位，发扬人的创新精神，发挥人的积极性、主动性、创造性；要求把广大人民的愿望实现好、维护好、发展好，在党和国家的工作中将此作为根本出发点和落脚点，立足于人民的根本利益，对发展工作作出部署，对人民群众不断增加的物质文化需要进行满足；要求将目标定位为实现人的全面发展，对各方利益进行合理的协调，为人民在法律规定下享有各项权益提供保障，促进社会的公平和正义，对人们的发展愿望和多种需求进行满足。

3. 科学发展观的基本要求是全面、协调、可持续

所谓全面，就是每个方面都应当发展，其强调的是发展的整体性；所谓协调，就是每个方面的发展都应当彼此适应，强调的是发展的均衡性；所谓可持续，就是发展应当持久、连续，强调的是当下发展和未来发展的结合。

科学发展观下的发展不是某个方面、某个指标的发展，而是人和自然的和谐发展，是经济、资源、人口、环境相协调的发展，是效益与质量相统一的发展，是人和社会的全面发展。应当基于"五位一体"总体布局，对政治建设、经济建设、文化建设、社会建设、生态文明建设进行全面推进，推动各方面彼此协调，推动生产关系与生产力、上层建筑与经济基础相协调，推动发展在速度、结构、质量、效益等方面相统一，沿着生产发展、生活富裕、生态良好的文明发展道路不断前进。

4. 科学发展观的根本方法是统筹兼顾

所谓统筹兼顾，指的是把握全局、兼顾各方、宏观规划、综合平衡，既要着眼于当下，又要着眼于未来，既要实现全面推进，又要实现重点突破。对于科学发展观而言，统筹兼顾是其落实的根本方法。统筹兼顾要求所有工作从实际出发，对中国特色社会主义事业中的重大关系进行全面、正确的认识，以及合理的处理，对内政、外交、国防等各方面工作进行有效统筹，对城乡、区域、经济社会、人与自然、国家内部、对外开放等的发展进行良好

统筹，对各方利益进行妥善统筹，对各方发展积极性进行最大化调动，努力形成全体人民各尽其能、各得其所而又和谐相处的良好局面。

分析科学发展观，其最显著的精神实质就是解放思想、实事求是、与时俱进、求真务实。同时，这也是人类的实践和认识发展过程中体现出的规律，是符合马克思主义的。其不仅是一种思想上的方法，也是一种精神上的状态。不管是对于思想、理论而言，还是对于实践而言，科学发展观都是一种新的创造，具有着时代性、规律性和创造性。

总而言之，科学发展观的哲学内涵十分丰富，其内部要素彼此都是辩证统一的。作为一种科学认识，科学发展观就是对于当下实现何种发展、如何发展等问题进行科学回答，从以往将发展等同于经济增长的不全面的认识中挣脱出来，立足于对人民日益增长的物质文化需求，对发展问题进行思考和认识。科学发展观内涵广阔，既与政治、经济有关，也与文化、社会的方方面面有关。

（二）科学发展观对高校体育教学方法创新的重要指导作用

如今人们的生活越发现代化，高等教育呈现出明显的大众化趋势，在高校体育中也产生了大量新的情况和新问题。例如，高校学生整体体质下滑、肥胖率增长、文明病加重等，而高校体育主要就是对学生的身体健康进行强化，因而面临着很多新的挑战。对此，高校体育工作者应当在教学中持续探索，跟上时代发展脚步，发展自己的体育教学观念和方法。体育教学方法的创新离不开科学发展观的指导，在科学发展观这一理论基础之下，体育教学的内涵得以明显丰富化，体育教学的实践更具方向性，其中的一些新问题和新矛盾的解决得到了理论上的指导。体育教学如要实现创新，不管是其本质上的要求，还是客观层面上的选择，都将科学发展观作为指导，对学生的全面发展进行推动。

科学发展观不仅在宏观性的经济发展、社会发展上有很强的指导作用，对于体育教育的发展、教学方法的创新也有着不可忽视的指导作用。

科学发展观在思想内涵上十分丰富，在内部逻辑上十分严密，是一个全面的、系统性的、不断自我更新的、开放性的、科学的理论体系，是一种新

的理论指导，推动着高校体育教学的发展。创新和发展高校体育教学，必须要着眼于学生的全面发展，突出其主体性，对其根本利益进行维护，对其体育发展需求进行满足，不仅要推动其身心健康素质提升，还要辅助其思想政治素质、科学文化素质提升，促进其健康发展。与此同时，还要重视学生的协调发展，对课堂内外的教学进行协调统一，对教书育人、管理育人、服务育人进行合理统筹，对学生在学习中遇到的种种问题进行统筹解决。除此之外，还应当重视学生的可持续发展，着重于制度建设，对制度进行健全和革新，促使高校体育教育的领导体制和工作机制不仅能够针对当下，还要能够兼顾未来，为体育教育持续推进提供保障。

科学发展观的头两个字就是"科学"，就是要求立足于实际，遵循客观规律，对人的主观能动性和创造性进行最大化的发挥。当下的体育教学方法在创新过程中要坚持科学发展观这一重要的理论指导，在其指导下进行体育教学方法的创新。这就要求对学生身心发展规律进行全面、深刻的认知和把握，对教学因素之间的相互关系和矛盾运动规律进行认识和把握，对学生群体的特征和个体的差异进行认识和把握。价值取向放在促进学生全面发展上，价值标准放在"以人为本"上，以全面发展为中心，将学生放在主体地位，对其全面发展的需求进行满足，进而帮助其实现全面发展，对体育教学中不利于学生全面发展的内容作出修正和改革。学校教育要始终坚持育人为根本，在德、智、体、美的教育中要时刻坚持德育在前，需重视综合隐性教育和显性教育，综合校内外、课内外教育，综合专业课和理论教育课，综合理论和实践，对学生的创造能力进行发展；充分激发其主观能动性，着眼于其全面、协调、可持续发展，一方面实现其全面发展，一方面突出其个性发展，推动高校体育教学进入全新局面。

（三）科学发展观视角下高校体育教学方法的创新

体育教学方法的科学发展观，就是在体育教学中对科学发展观进行具体运用，是和其本质、目的、内涵、基本要求和特征有关的总体看法与根本观点。

1."以生为本"是高校体育教学方法科学发展创新的本质和核心

人既是发展的目的，又是发展的手段。在教育的科学发展观视野下，以

学生为本就是在体育教学方法创新的目的上要把满足学生的需要、促进学生的发展作为根本出发点和落脚点，把学生需要和学生发展作为体育教学方法创新的中心，把学生的快乐、尊严、终极价值与体育教学联系起来，尊重和体现学生的主体性。

在高校体育教学方法创新中要始终以学生为本，这就要求在教学理念上始终坚持以学生为中心，做到"一切为了学生，为了学生一切，为了一切学生"，一方面要对学生进行教育、引导、鼓舞、鞭策，另一方面对学生要做到尊重、理解、关心和帮助。在实际的体育教学中要坚持从学生出发，并以此为归宿，在每个教学环节都要坚持科学发展观，以学生的需求和其面临的问题为中心进行教学，为学生提供充分的思考和发展空间，促进其个性发展，推动其自主学习，对其潜能进行开发，促使学生以积极主动的态度进行体育活动。

要实现以学生为本，就要强调学生在教学过程中的主体地位。首先，要将其视为一个有主见、有思想、有感情的人，调动其主体意识；其次，要对其能动性进行调动，强化"三自"教育，促使其对体育活动进行积极主动的参与，促使其自主进行自我教育、自我管理、自我服务，进而实现身心协调健康发展。

坚持以学生为本，要强化对学生的人文关怀，深入学生、贴近学生、了解学生，建立和完善符合当前学生特点和需要的体育项目，把体育教学与学生感兴趣的热点问题、体育赛事等联系起来，激发学生学习的兴趣。

在课堂教学中，教师要成为学生学习的引导者、辅助者，成为课堂活动的组织者、设计者，加强师生互动和学生互动，构建新型师生关系，创建自由、开放的学习环境，努力调动学生学习的积极性、自主性、能动性和创造性，促进教学活动高效优质开展。

2. 全面、协调和可持续发展是高校体育教学方法科学发展创新的目标

立足于科学发展观的视角，作为一个大系统，社会的发展不仅仅体现为单一的经济发展，还包含政治、文化、环境等方面。此外，还在于社会内部各个子系统间的协调性。科学发展观视野下，学生的全面、协调和可持续发展就是体育教学方法创新的基本要求。

体育教学方法创新要做到全面、协调和可持续发展，就需要对传统的教

学方法进行革新，充分考虑现实发展，着眼于长远利益，将适应当下体育教学的目标作为重要前提条件，推动体育学科和其他学科的协调和统一。

第一，应当对素质教育进行全面强化，推动学生综合素质全面提升。这就要求将教书和育人充分融合，将教育和自育有机结合，强化对学生的人文、科学、身心等方面素质的综合全面培养。

第二，应当结合时代发展进行改革创新，对体育教学的体制机制进行完善和改进，使其更加科学、合理、有效。一方面要为其改革短期目标、短期效应的达成提供保证，另一方面要促使其长期目标和长期效应实现持续发展。

第三，体育教学过程中，需对内部关系进行妥善协调，促使其彼此衔接和适应，实现其彼此促进和良性互动。对体育课堂作出全面评价，不忽视其教学的目标、体系、方法、效果等方面，并将标准定为人的全面发展。同时以此为参照，强化培养学生的能力，强调教学科学性和艺术性的结合，促使体育教学科学、合理、有效开展。

3. 统筹兼顾是高校体育教学方法科学发展创新的基本方法

统筹兼顾是坚持科学发展观的根本方法，坚持统筹兼顾也是体育教学方法科学发展的基本方法。将统筹兼顾的基本方法贯穿于体育教学的始终，就是要总揽全局、科学筹划、兼顾各方，就是要逐步建立起开放的、多层次的运行机制，把握重点，做好各种方法、各种渠道的统筹。一是要统筹体育教学与其他各科教学的关系，实现德育、智育、体育、美育的全面协调发展；二是统筹课内理论教学与课外实践活动教学，引导学生学以致用；三是统筹解决思想问题与解决实际问题，提升学生将相关动作技能理论应用于实际竞技攻防的能力；四是统筹先进性要求与广泛性要求，号召学生中的优秀分子积极践行先进性要求，引导全体学生分层次、分阶段达到先进性的要求。

二、体育教学方法创新的终身体育视角

（一）终身教育与终身体育

1. 终身教育

所谓终身教育，就是人们一生中接受各种教育的总和。把终身教育思想

推广为一种国际教育思潮，其直接的推动者是联合国教科文组织，代表人物是法国著名教育家保罗·朗格朗（Paul Langerand）。终身教育是世界范围内的教育潮流，可追溯到 20 世纪 50 年代末 60 年代初的欧洲，法国议会于 1956 年将"终身教育"概念写入法律文件。20 世纪 70 年代后，这一思想为各国认可和接受。

联合国教科文组织于 1965 年组织开展国际成人教育会议中，保罗·朗格朗的学术报告将终身教育作为了主题，并在 1969 年出版了《成人教育与终身教育》。次年为"国际教育年"，围绕着终身教育，联合国教科文组织进行了重点的交流讨论，计划进行 49 项以上的终身教育相关的工程，其中有的是对识字教育和职业进修中终身教育的进展进行调研，有的是在新活动规划中利用终身教育，有的是对其理念进行阐明。朗格朗的《终身教育引论》也出版，其对朗格朗的终身教育思想进行了阐述，其中指出"教育不应像传统观念那样，把人生分为两半，前半生受教育，后半生用于劳动，它应该是每个人从生到死的持续过程""一个人身体里的生命应成为他整个个性中的一个有机部分和支柱，与身体上各种形式的无能作斗争，实际上正是终身教育的主要目标之一"[①]。在教育活动和改革中，终身教育被联合国教科文组织当成指导原则和总政策。当前终身教育已经为大多数人所认可和接受，成为重要的教育思潮，对教育改革发展提供了重要指导。如今《终身教育引论》有 18 种语言版本，作者很多的观点为众多国家、地区开展终身教育提供了依据，具有强大的影响力。

目前，各个国家都基于终身教育这一原则，开展教育内涵的新阐述，对教育学教材进行新编写，推进教育改革。

2. 终身体育

从诞生至今，终身教育理念在国际上就掀起了巨大浪潮，为很多国家和地区所认可、接受和利用。各国都基于本国国情，在教育改革中，将终身教育作为总政策，将之用于教育结构、教育内容、教育方法、教育管理、教育研究、师资培训、运筹规划等一系列问题的改革与研究。

---

① （美）郎格郎著；周南照，陈树清译.终身教育引论［M］.北京：中国对外翻译出版公司，1985.

　　终身教育理念产生之后，社会的生产方式和人们的生活方式发生了变化。一方面，现代社会对生活质量提出更高的要求，并且人们的闲暇时间越来越多，对休闲生活的要求越来越高；另一方面，人类的健康也遭受到现代文明的冲击，工业的发展和科技的发展对人的健康都造成很大的影响。为了适应高强度、高速度、快节奏的工作和生活以及减少现代文明对人体的影响，依据人体发展变化的规律、身体锻炼的作用和终身教育的思想，提出了终身体育这一概念。

　　终身体育主要指在人的各个阶段都开展体育锻炼，都接受体育教育。对于终身体育含义的阐释，需从两方面进行：其一，人的一生都要对身体锻炼活动进行学习和参与，因而，终身体育是有着清晰的目的的，体育也是人的一生都会进行的活动；其二，将终身体育作为指导思想，将目标定为体育体系化、整体化，使个人在人生的各个时期和各个生活领域都能够拥有体育活动的机会，这样的实践过程就是终身体育。

　　人体的活动有着一定的客观规律，遵守这些规律就需要经常参与身体锻炼，要做到坚持，否则难以收获持续的效果。现代社会中，人们的生活离不开身体锻炼，这是现代生活不可缺少的构成部分。并且，要在科学指导下开展身体锻炼，持续接受体育教育，结合个体所处的生长阶段、人的身心发展的规律、所处岗位的工作内容和环境等，对终身体育理念进行运用，采取合适的体育项目，锻炼和提高身体素质，这样的过程正体现了终身教育是一个系统的工程。此外，人需要在每个发展阶段构建相应的终身体育组织体系。

　　终身体育理念强调的是终身性，而非阶段性，是从人的出生到死亡的家庭体育、学校体育、社会体育相互衔接的体育体系。终身体育要求不管什么时间、什么地点，都要通过合适的体育锻炼促进身体的正常生长和发育。其所针对的是人的各个阶段的，以及各个生活领域里面的职业、环境、身体状态的体育内容、特点、形式和条件。终身体育的特点一方面体现在广泛的指导性当中，这指的是终身体育的内容和方法十分完整，并形成一定的体系，另一方面体现在高度的实用性当中，也就是对于个人的体育有较强的针对性。

　　终身体育的理想状况，就是全民终身体育化，每个人都能够做到终身锻

炼，这也就实现了群众体育的广泛普及。对于现代人的生活和发展，终身体育是一个能够促进身体健康、提高身体素质的良好途径。

（二）终身体育与学校体育的辩证关系

体育教育是整体教育的一部分，是教育改革发展的支线，学校体育改革也随之深化，终身体育理念是一个良好的改革方向和思路。当前的学校体育改革中，对于终身体育，有很多体育教师和体育教学管理者仍旧没有形成足够的认识，这就导致在终身体育的落实中有许多落实不到位的地方。所以，对两者的辩证关系进行正确、全面、深刻的认识十分必要。

1. 学校体育是终身体育的基础

学校体育是针对学生的身体进行有目的、有计划、有系统的锻炼，从而培养学生身心健康，引导其对体育的理论知识、技术、技能等进行了解和掌握，并养成良好体育的习惯和意识。

对于终身体育而言，学校体育是基础。人的生长发育具有阶段性，儿童阶段和青少年阶段，人正处于人体形态、生理功能、心理状态、身体素质、运动技能、体育兴趣、运动爱好、运动习惯形成和发展的敏感时期。人在学校教育阶段，身体的生长和发展的情况对未来有着深刻的影响。例如，部分人在学生时期坐姿、运动习惯不好，形成了脊柱侧弯、驼背等，这样的问题是成年后难以纠正的。因此，学校体育形成的身体素质、体育习惯、体育能力等是终身体育的基础。

2. 学校体育是终身体育的重要阶段

从教育的整体来看，学校教育是不可缺少的构成部分，从学校教育看，其包含学校体育这一环节。人从 6 岁到 24 岁甚至 30 岁左右，都在接受学校教育，这是占据了人一生中约四分之一的时间，也是身体生长和发育的黄金时间。打造好学校体育，全民体育素质就能实现极大的跨越。

终身教育理念对于学校体育有着深刻的影响，促使其教学的内容、目标、方法、手段、组织形式等不断更新，同时也要求学校体育对学生身体发育进行更深入的推动，以及对学生的终身体育意识进行培养。在终身体育的形成中，学校体育是不可忽视的重要内容，是承上启下的关键衔接，是学生形成

终身体育良好基础的重要阶段。

从人的一生来看，学生时期是最为珍贵和美好的时期，大学则是学生结束学生生涯，步入社会的重要站点。大学体育教育是人步入社会的后 50 年的体育基础，对于学生形成终身体育意识和形成终身体育锻炼习惯，是十分关键的时期。

终身体育，就是参与体育活动，接受体育实践教育的同时丰富学生的体育知识，促使学生掌握必要的体育锻炼技能，推动自身成长发育，提高自身体质。对于学生体育兴趣而言，学校体育能够进行根本上的激发。

基于终身体育理念，进行学校体育建设，要着眼于培养学生的体育锻炼意识、引导学生养成体育锻炼习惯，将终身体育理念落实到学校体育中就是要求培养学生的自我健康能力和自我体育能力，促使其对体育的基础知识进行了解和掌握，对体育锻炼的方法进行掌握和运用。所以，对学校体育进行改革就应当坚持围绕着终身体育思想的培养，推进终身体育教育，引导学生持续提升体质、增强品质，实现身心和谐发展，潜移默化地使学生在生活方式中落实体育锻炼的意识，形成体育锻炼的习惯，进而满足社会对学校体育的要求。

3. 终身体育以学校体育为主要手段

对于体育教育整体而言，学校体育是关键阶段，人所具备的体育意识和习惯基本上都是在学校中形成的。对于终身体育理念而言，学校体育是重要的落实和延伸。

学校体育的本质是体育，对学生学习体育知识，进行体育锻炼，对于整体的教育体系而言十分重要，对于个人的终身体育锻炼而言也是重要基础。相比家庭体育、社会体育等其他体育教育，其是最具系统性和规范性的。

对于学校体育而言，要落实终身体育理念，就不能仅仅停留于教授简单的体育锻炼方法，而应当侧重于对于学生终身体育意识的培养，促进其终身锻炼习惯的养成，使得其在未来的体育锻炼中能够获得一个较好的基础。对于终身体育而言，学校体育只是一个阶段，这个阶段的任务不仅在于教授体育锻炼的知识、方法和技能，更在于培养终身体育的意识和习惯。学校是人才的摇篮，要培养现代化人才，不能只着眼于专业知识的教学，还要着眼于

健康身体的培养，这就要求发挥好学校体育的作用。由此可见，对于培养现代化优质人才，学校体育是基础，终身体育是建立在学校体育基础之上的。

4. 终身体育是学校体育的指导思想

学校体育中，传统的教学理念就是强化学生体质，但是终身体育理念更加突出体育的本质功能。学校体育不仅要考虑学生的学校体育锻炼，也要考虑到学生未来在社会中的体育锻炼，要引导学生积极主动进行体育活动，形成良好的终身体育习惯和能力，让体育成为一种生活方式。

当前，终身体育理念受到了社会的广泛认可。学校将终身体育理念融入了体育教育的方方面面，基于此进行体育教育目的、教学目标的修正，并随之对学生的体育价值观进行了改进。正是因为学校将终身体育理念融入体育教育，学校体育才能够突破学校限制，延伸至社会，才能够更好地将学生体育和全民健身相结合。在终身体育这一指导思想下，进行的学校体育宏观调控，能够改变学生的学校生活，还会改善学生未来的社会生活和家庭生活。终身体育倡导帮助学生建立正确的体育价值观，形成体育锻炼习惯，以及运用体育锻炼的方法和技能，便于学生认同和接受体育锻炼，重视体育锻炼有着重要的指导性。全民健身计划针对的是全体国民，将重点放在儿童和青少年身上，将最终目标确定为增强人民体质。不管是对于终身体育的实施，还是对于学校体育的改革，全民健身计划纲要都十分重要，使得两者的方向和任务更加明确。

综合上述分析，终身体育和学校体育之间存在着辩证关系，前者是后者的动力来源，后者是前者的实现手段，它们彼此促进，一同发展。在学校体育中落实终身体育理念，有助于对自身的基础地位进行强化，使教学目的更加清晰，对体育教师的行为作出规范，也深刻影响着体育课程的内容、体育教学方法以及体育教学组织形式等。对学校体育教学进行全方位的创新，有助于形成终身体育教育观念，使学校体育在终身体育中的基础作用进一步强化。

（三）终身体育视角下高校体育教学方法的创新

1. 培养学生终身体育的观念

学校体育教学观念上的变革是学校体育教学方法创新的首要步骤。终身

体育观念要求学生在校期间能够学到全面的体育知识与技能，同时又能掌握一两项突出的、热爱的可以坚持终身的体育项目，增强学生体育的兴趣，在此基础上加强学生体育锻炼行为，进一步培养学生终身进行体育锻炼的意识及运动习惯。

体育锻炼习惯是学生走上社会后自觉并坚持进行体育锻炼的关键。体育锻炼习惯是终身体育观念的基础，习惯成自然，体育锻炼这一习惯的养成，对参与者有意识、无意识地进行体育锻炼，以及将体育锻炼作为一种生活习惯都将是不可或缺的。

学生体育锻炼习惯的形成是一个过程，是在意识培养和行为实践中不断加深的过程。为此，在学校体育教育期间，学校体育教师应该坚决以此为终极目标，无论是在学生体育活动过程中的指导，还是对学生体育教学的组织，都应该围绕以吸引学生注意力，调动学生参与体育锻炼兴趣为根本，充分调动学生体育锻炼的积极性，展示自己的运动才能，体验体育运动所带来的兴趣，在此基础上激发学生对体育运动的喜爱。

2. 加强学生体育理论知识的教学

体育理论知识的传授应以学生在校期间的身体锻炼和学业任务为根本，以学生长期身体健康为目标，从学生在校期间的体育兴趣、爱好和良好的锻炼行为出发，适当加深并拓宽，从而使学生在这一教育过程中对体育锻炼的意义和价值从理性上有充分的认识，提高学生对体育锻炼的兴趣，强烈激发其内在动力。学生在掌握所学专业的理论知识方面，如体育锻炼的原则、体育锻炼的方法以及体育保健等方面的知识之外，还需要掌握体育锻炼技能、体质测量与评价等方面的知识。这些理论知识的加强，一方面能够激发学生在体育锻炼方面的认识，并在此基础上产生强烈的内在锻炼动机；另一方面，在自我锻炼能力的提高方面以及自我健康状况和锻炼效果方面的评价上更为深入、全面和精确，并有助于学生对体育锻炼的兴趣和信心进一步加强，使学生不因生活条件或环境的变化，抑或是年龄的增长而改变自己的锻炼习惯。无论何时何地，都能够合理调节体育锻炼的内容和运动强度。

3. 教学内容的选择应具有多样性和可接受性

体育教学内容要具有多样性与可接受性，既具有一定的广度，同时还要

有一定的深度。体育教学内容的选择应该把社会需要、学生身心特点及兴趣、学校环境条件结合起来，使学生在进行体育锻炼时能够充分发挥自身价值，体验成功所带来的满足和自我实现的需要。学校体育教学内容要按照社会实际需要进行编选，符合社会实际情况，编选一些注重健身，能够增强体育意识并且在培养体育能力方面容易入手的体育教学内容。从长远来看，为了使学生在校期间所学的知识在毕业以后仍能运用，应根据实际情况多安排一些不受空间、时间、器材等客观条件限制，又能被大多数学生所接受的、课上结合课外的体育活动内容。

终身体育下的学校体育教学应以"健康第一"为指导原则，结合社会盛行和普及的体育锻炼方法进行体育教材的编写，如比较广泛的太极拳、健身操、跳绳、轮滑、网球等活动内容，对学生进行体育教学内容传授，使他们具备相关的体育意识与锻炼方法。

第三节　高校体育创新教学方法的选用与实施

一、高校体育创新教学方法的设计理念

（一）牢记创新教育思想的理念

现代倡导的素质教育、创新教育不再是以传授知识为主要目标，相比较而言，提高学生的能力更为重要。无论是素质教育，还是新课程都对创新教育宠爱有加，其不但对传统教学模式、教学内容进行创新，还要设计出创新的教学方法以此激励学生锻炼，推动素质教育的落实，实施有针对性的教学方法改革。

（二）明确教师角色转变的意图

体育教学方法的设计带有主观性，体育教师自身角色的定位转变是引导学生学习方式改革的主导。

（三）升华教学技能的艺术品位

教学方法本身具有艺术性，不同教师使用同样的方法会产生不同的效果，这就是教学技能的艺术性。体育教师不能对传统教学方法抱残守缺，更不能对现代教学方法画蛇添足，我们需要的是把两者结合起来，不断提高教学的艺术性，引导学生喜欢体育、自觉锻炼、心甘情愿地跟教师学。

（四）搭建展示学生自我的平台

体育教学方法的实施需要以学生为主体，主体性发挥得好，教学方法就能实施得好。体育教师应该多给学生提供展示的机会和平台，培养其创新意识，锻炼其创新能力，让每个学生体验成功，感受愉悦的快感，以此来帮助学生树立自信、激发斗志，形成自主学习的动力。

二、高校体育创新教学方法的选用依据

随着时代的发展，创新高校体育教学方法应该选择正确的依据，不能随心所欲，不同体育教师选择体育教学方法的依据也各不相同。即便是同一个教师在不同时期、不同教学阶段也会有所不同。下面列举选择体育教学方法的基本依据。

（1）教学时间的限制和制约。

（2）各种体育教学方法本身的特点、功能。

（3）体育教师的能力和自身习惯。

（4）基本的体育课堂设施、器材充裕程度。

（5）体育教学内容安排、要求。

（6）体育教学目标、任务。

（7）学生的体育技术、技能基础、身体素质水平。

体育教师在选择体育教学方法时，更多考虑的不是自己，也不是教学内容，而是学生，考虑学生的体育基础、身体素质水平。这是体育教师在实施素质教育、体育新课程以来最大的转变，其不再是从自我出发，而是从教授对象入手，真正把学生放在第一位。也正是如此，创新教育理念才能落实到

位，教育创新才能实现。

三、高校体育创新教学方法的实施

（一）体育教师常用的教学方法

随着高校体育教学方法的不断创新，产生了很多新的教学方法，如讲解法、示范法、纠正错误法、帮助法、分解法、完整法、比赛法、游戏法、情景法、自主法、合作法、暗示法、念动法、启发教学法、问题探究法、小群体法。

（二）体育教师指导法的使用

众所周知，要想激发学生的创新意识，锻炼其创新能力，只靠体育教师的讲解、示范是不够的，还必须积极地指导学生学会学习、自主学习，留给学生自由发挥的空间和独立思考的机会。

现代教学技术手段，如幻灯片、投影仪、录像机、多媒体计算机、网络等，是丰富教学内容、提高体育教学质量的有力保证。当今社会知识丰富、信息畅通，体育课也需要不断应用现代教学技术手段来丰富和补充。现代教学技术手段能培养学生学习的兴趣和积极性，促进学生掌握学习方法，拓展课外信息，启发学生积极思维，提高教学效率，我们要为现代教学技术手段应用到现代教学中创造条件。

第四节　高校体育创新教学方法的发展

一、高校体育教学方法的反思

（一）体育教学方法的历史反思

中国的体育教学自 1903 年以来，已走过 120 年的历史。体育教学伴随着学校教育的发展不断发展，体育教学方法也随着学科的发展而不断发展。

中国的学校教育从 19 世纪中叶，从洋人创办的教会学校开始，教学形式打破了以前的私塾教学模式，开始实施分斋教学法和班级授课制，主要形式是传授式。

改革开放后，受先进教育理念的影响、多学科知识的引入，新的体育教学方法不断涌现，如发现法、探究法、情景法、小群体法等，给体育教学带来了无尽活力。

体育教学方法的不断发展和完善，充实了体育课堂内容，实现了体育教学目标，完成了体育教学任务。体育教学方法的历史发展给我们留下了深刻的反思：第一，体育教学方法是随着学校教育的开展而不断发展的；第二，体育教学方法的中西杂糅现象明显，既显示了本土的传授功能，又凸显了西方的人文特性；第三，体育教学方法受教育学、心理学、生理学等学科理念的影响越来越大。

（二）体育教学方法与其他教学要素协调配合的思考

体育教学的效果取决于体育教学诸多要素构成的合力，不可能仅靠教学方法单因素的改革就能达到提高教学效果的目的。连接教学方法两端的是教师和学生，实施教学方法条件的是媒介，这些都是影响教学效果的重要因素。

教学方法主要受制于课程，它把课程的内容化为学生的知识、能力、思想、感情。在教学方法的发展中，它必然也要受到教学环境客观条件的制约，方法是由教师来掌握的。因此，教师的教学能力、创新思维观念、创新意识不仅决定了教学方法的选择，还决定方法的实施效果。

体育教学创新需要多个因素的协调配合才能达到理想的效果。教学活动最基本的七个要素之间相互联系、相互制约，作为其中一个要素的体育教学方法虽然连接着体育教师和学生，但是又受课程限制，因此作为核心要素必须与其他要素相互配合、相互协调方可实现教学目标、完成教学任务，切实提高体育教学质量。

每个教师都应努力提高自己的教学修养，掌握多种多样的教学方法、手段和技巧，并能因人、因时、因地灵活运用。

（三）体育教学方法创新在实施发展过程中的困惑

体育教学方法的实施主体是教师和学生。体育教师的文化知识、教学艺术修养、知识面等可能相对薄弱，不一定养成总结、反思教学方法的习惯，导致对有效改进体育教学方法的研究不够深入，出现了教学方法有反思却少改进；指导学生合作、探究有形式却少实质；与学生互动有温度却少深度等现象。这些现象不仅是教学方法的问题，还是教育观念的问题，改变起来绝非一朝一夕。

学生由于长期受传统教育思想的影响，认为体育课就是放松身心、缓解学习文化课过度疲劳的压力而开设的附属课，可有可无，学好学坏对未来影响不大。再加上体育课本身枯燥乏味，过度练习又会影响文化课学习，导致对待体育课的态度并不重视，体育活动也不积极主动。

体育教学在发展过程中，教学方法的应用和实施渗透着教育观念、思维形式，这些非智力因素的提高需要时间和过程，而现实教学条件（课时多、训练累、设备不够、学生差异大等）制约着体育教师很难转变思想、更新观念，导致体育教学方法的创新和改革有形式而无实质。

二、高校体育教学方法发展与创新带来的展望

"体育教学方法的优化和革新离不开体育教学理论的发展，体育教学理论为体育教学方法的改革提供了有力的指导依据。"[①]体育教学方法的发展和创新给体育教学带来了无限的生机和活力，虽然当今实施的体育教学方法还存有问题，但是它的不断完善势必会促进体育教学的改革。随着体育教学形式的多样化发展，体育教学方法呈现出现代化、心理学化、个性化的发展趋势。

1. 体育教学方法现代化

体育教学方法现代化是随着现代教学技术的发展而呈现的，多媒体、高清录像、网络、形象化的挂图、器材的科技化等都是完善教学方法的手

---

① 受中秋，王双，黄荣宝.高校体育教育发展与改革探究［M］.长春：吉林大学出版社，2018.

段和工具。其不但丰富了体育教学形式，而且对技术动作学习起到很大的辅助作用。

2. 体育教学方法心理学化

体育学习过程就是心理过程，知识技能的提高更是个高度复杂的心理过程。对技术动作的分析不仅仅停留在学习或训练方面，更多是从心理变化入手。如体育课的开始部分，创设生动活泼的情境激发学生的兴趣和积极性；过程部分，关注学生练习动作的表现并及时分析心理原因；结束部分，选放一些舒缓、柔和的音乐，实施念动放松等形式。

3. 体育教学方法个性化

教学是师生共同完成的，学生是主体，起到内因作用。要取得好的教学效果，发挥学生的积极性，教师实施因材施教是必不可少的。现代体育教学强调有教无类，尊重学生，进行民主教学。以讲解、示范、纠错为主的教学方法也转变为以自主学习探究、小组讨论为主的形式。

体育教学方法的改革应树立全新的教育理念，注重学生主体性、全体性、社会性、创新性的培养。

（1）关注学生的主体性、全体性

培养学生的学习主动性、能动性和创造性成为教学普遍追求的一种趋势，体育教学也不例外。体育教学理念实现了由"体育手段论"向"运动目的论"的转变，教学方法设计的重点实现了由教法向学法的转变，教学方式实现了由教授向指导的转变等。接受全体性教育是每个学生的权利，不让一个学生掉队是教师的应尽责任。体育教学方法的设计和应用越来越重视对不同水平的学生因材施教，让每个学生都能体验到成功和喜悦的快乐，确保全体学生都能得到提高和发展。

（2）关注学生的社会性

体育教学是培养学生合作、竞争、正义、奉献等社会美德的有效途径。体育教学方法的创设能给学生提供条件和机会。例如，合作性学习、群体讨论法、辅导帮助法、榜样激励法等，不但能培养学生团队精神、集体意识，而且能起到乐于助人、规范行为、友善交往的作用。

（3）关注学生的创新能力

培养学生的创新能力已成为教育的神圣使命，体育教学同样要善于挖掘学生的创新潜质，培养其创新意识。例如，技术动作创新、规则创新、组织形式创新、学习方式创新。体育教师要允许学生走探索的弯路，激发学生的求知欲、创新思维，给予学生友善的鼓励和指导，给学生提供创新的机会和环境。

第五章
高校体育教学模式的创新

本章主要从四个方面对高校体育教学模式的创新进行详细阐述，即游戏教学模式在高校体育教学中的创新、程序教学模式在高校体育教学中的创新、俱乐部教学模式在高校体育教学中的创新、多媒体教学模式在高校体育教学中的创新。

第一节　游戏教学模式在高校体育教学中的创新

一、游戏教学模式的理论基础

"教学模式是按照一定原理设计的一种具有相应结构和功能的教学活动模型。"[①]游戏教学模式是在教学目标和课程标准的统一要求下，教学方法和手段主要为体育游戏并且同技术教学相结合的一种教学模式，这种教学模式可以激发学生的学习自主性和创造性，从而达到预期教学目标。

（一）游戏及体育游戏的内涵

最早的游戏来源于哪里？相关研究显示，游戏最早出现于人类原始社会早期，当时是为了满足生产、生活需要而进行的一种有规则的娱乐活动。每

---

① 刘伟. 高校体育教育创新理念与实践教学研究［M］. 北京：九州出版社，2019.

一种游戏都在深刻地反映游戏产生之时特殊的生活场景，例如，在人类社会的早期，游戏就已经是一种教育手段。人们借助游戏对年幼者进行教育，传递各种生产、生活经验。早期人类社会的人们通过游戏教育使年幼的生产者更快地融入社会，这实际也表明原始社会的人们早已认识到游戏和社会生产之间的密切关系，到后来，游戏自身也随着社会物质条件的改善而变得日益丰富。

体育游戏是游戏种类中的一种，是游戏的重要组成部分。在现代社会较为流行的体育项目里，绝大部分都是游戏被不断规范化而发展形成的。本书将体育游戏定义为按一定的目的和规则进行的一种有组织的体育活动，其是一种有意识的、创造性和主动性的能动性活动。

（二）体育游戏的特点

1. 娱乐性

娱乐性是所有游戏的生命，是游戏最重要的特性，体育游戏也不例外。在体育教学中合理地运用体育游戏，能让体育课生机盎然且不失活力。体育游戏的娱乐性体现在教师能带领学生充分感受体育带来的乐趣，缓解紧张和焦虑的心理状态，以更加奋发有为的精神状态投身到学习生活中去。

2. 普及性

体育游戏的内容是多种多样的，体育游戏可以满足不同人群的多种需求。同理，在教学中也需要面向不同学段、学情、接受程度不同的孩子，开展他们能接受的、合适的体育教学游戏，并且，体育游戏应该精准契合并满足健身、娱乐、教学等不同需求。

3. 规则性

体育游戏的规则性不但能够在原始的游戏中继承，又能根据实际的应用不断创新，目的是不断满足体育游戏需要，适应更多新的需求。因此在体育教学中，需要将规则性一以贯之坚持到底，才能更好地实现教学目标。

4. 竞争性

在体育游戏已有的娱乐性和规则性的基础上，竞争性可以较好地提高人们参与体育游戏的积极性。通过竞争，才能不断激发人们的潜能，充分彰显

体育游戏的效果。现实中的体育游戏大多是通过完成的数量、质量和速度来决定游戏的胜负，竞争形式通常体现在参与者的体力、智力以及合作能力方面。竞争的胜者，往往能得到充分释放压力和内心愉悦的快感，竞争对于学生自身精神意志的培养以及身心健康发展都具有积极的促进作用。

5. 目的性

通常人们进行体育游戏都带有一定的目的性，带有目的性可以提高体育教学活动的学习效率，并能够创设一个轻松愉悦的氛围。

（三）游戏教学模式与高校体育教学

游戏教学模式是根据教学大纲，将教学内容与生动有趣的游戏相结合的教学模式。在高校体育教学中，教师通过各种各样的游戏，使学生进行学习，并培养其多方面的能力。

1. 体育游戏教学模式与高校体育教学特点的内在联系

体育游戏教学模式是指通过游戏本身的娱乐性、竞技性、普及性等特点的发挥，对体育教学目标实现有效的辅助。目前，我国高校由于学校类型的不同，培养学生的目标也各不相同，这就造成了高校学生在身心发展上的差异。

大学生应更加注重个性能力的培养，体育课所提供的竞争力的内容，为学生提供了更大的空间提升其社会适应能力，传统的教学模式难以满足大学生的内心需要。因此，丰富生动的游戏教学形式，可以使学生更容易地融入体育教学中，不仅可以满足学生特殊的心理需求，而且可以培养学生良好的运动技能，让他们了解运动的魅力，奠定终身运动的基础。

2. 体育游戏在高校体育教学中的作用

从体育游戏的特点来看，体育游戏对于体育教学的作用是明显的。它激发了学生的体育学习动机，培养了学生的集体主义精神，教育学生遵守纪律、团结协作，巩固和提高了学生的体育技能，培养了学生的创新思维和敢于拼搏的竞争精神，对于体育教学有着重大的意义。具体的作用主要表现在以下几个方面。

（1）对教学的有效辅助作用

体育游戏在体育教学中具有辅助作用。在倡导游戏教学模式的教学实践

中，体育教学的每一环节都能穿插游戏内容或者整个教学过程都能通过一个游戏串联起来。

① 体现在对体育课准备部分的教辅作用

在体育课的准备阶段，学生的身心普遍处于安静状态，导致身体各关节柔韧性变差，肌肉僵硬，内心运动冲动不强，大脑兴奋度不高，特别是一些对运动兴趣不大的学生，对体育课表现出一种消沉的心态。因此，游戏教学模式的引用就显得尤为重要。体育课初期采用游戏教学模式，可以有效地帮助学生在一个娱乐的氛围中实现身体预热，提高学生参与的积极性，对体育活动产生兴趣。正如一些心理学家所说，兴趣是学习最好的老师，而游戏教学模式的合理选择，可以让学生参与到运动学习中来，等于给学生提供了学习的动力源泉。

② 对体育课基础部分的辅助作用

通常体育课准备部分的内容主要集中在温习旧知识和传授新知识上，传统的教学只注重言传身授，采用单一的教学模式，导致学生学习的兴奋点很难提高。通过游戏教学模式，可以迅速提高学生大脑的兴奋度，使他们的注意力集中起来，在游戏中复习旧知识、学习新技能；也可以使学生在面对较难的技术动作时，不再畏畏缩缩，而是在轻松愉快的游戏气氛中，循序渐进地掌握技术动作。特别是采用针对性强、创编合理的游戏，对学生学习新、难技术动作更有益处。

（2）强化体育课健身功能

由于教学模式单一，内容枯燥，生动性不强，直接导致学生对体育课的学习兴趣不高，参与体育活动的热情不高，进而影响体育课的教学效果。通过应用游戏教学模式，有效提高学生参与体育课的热情和文化知识学习的兴奋度，让学生充分了解运动的魅力，并通过学习体育课中的体育知识和技能，养成运动的习惯。此外，体育游戏形式多样，体育游戏教学模式在实施中不受严格的人数限制，使每个学生都能在体育游戏中获得锻炼身体的机会，同时不断学习体育知识和技能，确保实现体育课强化健身功能。

（3）赋予体育教学的娱乐功能

传统的体育教学多教法单一、气氛沉闷，体育课给人的感觉是一种简单

固化的达标项目。游戏教学模式的合理采用，正好迎合了学生繁忙的文化学习后内心的需要，使传统的枯燥教学变得生动有趣，进而使体育课教学收到满意的效果。

（4）拓宽体育课的教育功能

体育游戏都是有一定规则的，学生在积极接受游戏性教学的同时必须遵守游戏的规则。游戏的内容和形式又是多样的，其参与的形式不拘一格，而且体育游戏都要根据完成的数量、质量、速度等标准判别胜负，这样就使体育游戏的行为内涵更为丰富，所带来的教育效果更加全面。

① 体育游戏培养了学生踊跃参与公平竞争的精神

体育游戏最终总是会分出胜负，参与体育游戏的集体或个人都会产生一种强烈的求胜欲望，并且要求游戏的参与者要公平竞争，这些精神正是学生所必须具备的。

② 培养了学生团结协作的精神

体育游戏模式教学中最为常见的集体性体育游戏需要发挥集体智慧的力量，大家必须团结一致、相互配合，最终才能够获得游戏的胜利。

③ 有利于学生思维的启发和创新能力的开发

在体育教学中，某些技术动作或基本技能尚未被学生熟练掌握的情况下，教师通常采用将技术、技能融入游戏的办法，精心设计游戏，利用游戏的特性引导学生掌握基本的技术和技能。

④ 学生能够通过熟练掌握的技术、技能

在教师的指导下，学生自行组织、发现新的体育游戏，满足课堂体育游戏的需求，这样的体育游戏既能够让学生实现有效参与，又能够通过对游戏的创编、开发增强学生的自主创新能力。

3. 体育游戏在高校体育教学中实施的理论研究

在合理的游戏规则内，体育游戏的实施成为游戏教学模式中最为重要的环节。体育游戏的组织实施效果如何，会直接影响游戏教学模式全面功能的发挥，最终影响体育教学的整体效果。科学合理地研究体育游戏教学的组织实施对游戏教学模式的实践具有积极的指导意义。

（1）体育游戏的实施要把握好体育游戏的质和量

对于体育游戏的质和量的把握，最重要的一点应该是明确体育游戏在体育教学中所充当教学辅助作用的角色。对于游戏的质量来说，游戏的内容必须与教学目的相契合，如在课程准备阶段，实施体育游戏要尽量起到身体和心理上的预热作用，为课程的基础部分做好充分的身体和心理上的准备；在课程的基础部分，特别是教授新内容的游戏的采用要注重对新授内容的针对性，只有提高游戏的针对性和效益性，才能起到最有效的指导作用。

对于游戏的数量来说，游戏的活动量过大会直接影响体育课的教学效果，毕竟体育课的目的不仅仅是锻炼学生的体能，更重要的是完成教学计划，将正确的运动技术和技能授予学生，为学生形成终身运动习惯奠定一个牢固的基础。此外，体育课的质量和数量也要考虑学生身心发展的特点，否则对体育课的效果和质量也会产生间接的影响。

（2）体育游戏的实施要注意发挥游戏的特色

体育游戏是一项集竞技、娱乐、益智等特点于一体的体育竞技活动。体育游戏的实施，是为了合理地编制游戏规则，确保学生公平地完成运动。发挥体育的娱乐性，就是要摆脱体育游戏的正规竞赛性，使其简单易行，过程有趣生动，并且能够合理的竞技，使学生在体育游戏中得到乐趣。教育性的发挥体现在体育游戏实施过程中的每一个细节，体育游戏教育功能的具体体现是团结协作，公平竞争，善于创新。体育教学工作者要时刻保持游戏本身特色的发挥，才能把游戏教学体育教学带来的好处充分挖掘出来。

（3）体育游戏的实施要保证安全第一

体育教学的培养目标是培养德、智、体全面发展的人才，而体育教学游戏模式也必须遵循这一目标。由于体育游戏自身形式和内容的多样性，常常会导致体育游戏应用的组织形式会多种多样，而鉴于体育教学环境的特殊性，安全性自然也就成为了教学过程中最需要重视的部分。首先要进行必要的安全教育，严格遵守游戏规则，确保课堂的组织纪律性，然后才能落实游戏教学模式。其次，注意检查比赛场地的安全性。最后，要注意控制学生的游戏活动节奏，防止学生在游戏中过于兴奋而出现意外伤害等。

（四）高校体育游戏教学模式中游戏的选择

从游戏教学模式的特点和产生的特殊效果可以看出，游戏教学模式的应用改变了以往枯燥、乏味的体育课堂气氛，对学生各方面能力的培养和课堂教学效率的提高起到了积极的作用。在游戏教学模式下产生各种有益教学效果的同时，对游戏进行正确的选择与应用也是非常有必要的。比如在课程的准备部分选用活动量大的游戏，在教学过程中选用内容不健康的游戏等，这往往达不到预期的教学效果，所以通常游戏的选择会遵循以下几个原则。

1. 体育游戏的内容是健康向上的

在游戏教学模式的实践中，教师都会积极选择或者创编最为有效的游戏形式和内容，来辅助教学目标的实现，但这些游戏内容和形式的选择与创编必须是健康向上的，否则虽然达到了体育课堂活跃气氛和体育教学的课堂要求，但是会影响体育教学最终思想教育的内涵。

2. 体育游戏要富有教育意义

学生通过参加体育游戏能够有效地提升身体运动技能，但体育教学中对选择体育游戏的要求不仅要体现在身体方面，更要突出其教育功能，不能选择没有教育意义的体育游戏。在体育课中，选择体育游戏时要体现出德育、智育、体育的全面教育作用，这也是体育活动自身的魅力所在。通过参加体育游戏活动，使学生不仅要学会交往、学会合作，更要学会思维的发散和思路的创新。这样的体育游戏才是与体育教学相匹配的，才能辅助体育教学功能的全面实现。

3. 体育游戏要简便易行、富有针对性

在体育教学中实施教学模式的首要任务是让游戏在教学活动中起到辅助教学作用，这就需要游戏规则简便易行、富有针对性，且不失游戏的内涵。如果所选的游戏的规则以及实现形式过于繁杂，就会适得其反，达不到预期的教学效果。另外就是注意游戏的利用效率，在规定的时间内完成游戏内容，提高针对性，这样才能达到较好的游戏效果。

针对性强、利用效率高，才会取得事半功倍的效果。比如，在课程的准备阶段结合当次课的教学目标采用简单有趣、肢体活动针对性强的游戏，既

调动了学生进行体育课学习的兴奋性，又实现了重点肢体关节的预热效果；而在课程的基础部分，选择简单易行并富有针对性的游戏，既能有效地完成旧知识的复习，又能够有效实施新知识的传授；课程结束部分的游戏选用，自然要实现放松身心的目的，以使学生心态平静地步入下一阶段的文化课学习中。

4. 体育游戏要具备安全性

在当今体育教学实践中，学生安全问题已成为学校体育教学过程中最需关注的问题之一。在游戏教学模式的实施中，体育游戏的选择自然应把学生的安全放在第一位。游戏的实施出现安全问题，其一切教育意义等于功亏一篑，毕竟教育的最终目的是要培养全面发展的人才。所以在实施体育游戏时，教师的注意力必须高度集中，在游戏前期进行有效的安全教育，注意体育器材的合理选用、布置与利用，合理安排活动量，掌握学生的游戏节奏，以免兴奋性过高而发生意外伤害。

二、游戏教学模式在高校体育教学中的实践创新

我国高校传统体育教学仍有不少问题：学生学习的起点低，教学内容难度大，一周一次两学时的教学课无法满足学生的学习需求，教学模式单一。针对以上这些问题，有些高校引入了游戏教学模式，丰富了游戏教学模式在体育教学中的具体实践，也在一定程度上解决了传统体育教学所产生的一系列问题。

（一）游戏教学模式引入高校体育教学的意义与作用

1. 提高学生认识水平

游戏教学模式可以使学生在深化对所学知识和技能的基础上，增进学生对体育的认识和理解，包括学生参与意识的增强、知识的掌握、技能的运用等，最终有利于学生积极的自我调整，进而提高其自我的认识水平，促进学生综合能力的提高。

2. 发展学生智力和非智力因素

根据体育教材特点选择各类体育游戏教学模式进行教学，能使学生在更

和谐的气氛中进行体育学习。它有利于学生学习兴趣的产生及保持，有利于激发学生学习的动机。经常性地引入游戏进行体育教学，能有效地提高学生情绪，促进学生的智力和非智力因素的发展。

学生模仿体育动作、体验体育技术以及激烈的体育竞争等游戏形式可以使学生思维更加活跃，更多地实现教学效果。学生在不断的体育游戏教学活动中，能够发现存在的问题，增强竞争意识，对其学习、生活等都有积极的促进作用。

3. 顺利完成学校体育教学计划

在体育教学中充分利用游戏，对高校体育教学计划的顺利完成起着十分重要的作用。在体育教学中，学生的注意力并不相同，兴奋性也各具差异，这样就会影响教学计划的贯彻和执行。体育教师应在教学的开始部分和准备部分积极采用各类武术游戏教学，提高学生中枢神经兴奋度，调整学生的心理状态。如模仿游戏、项目报数游戏可以提高学生的注意力和兴奋度，能使人体由相对的安静状态逐步进入学习状态，以达到教学准备活动的基本目的。

由于有些体育教材难度较大，学生的情绪容易受到一定影响，这时任课教师就应及时改变教学模式，有计划地选择一些体育游戏进行适应教学。

4. 提高学生心理健康水平

体育教师应该在游戏教学模式的基础上，学习各种体育知识技能，充分考虑体育教学方法，使之符合学生的实际情况，保证教学的科学性，在教学中更好地提高学生的心理健康水平。比如通过游戏教学，缓解学生心理焦虑、急躁、脆弱等问题。

5. 提高学生思想品德

高校的体育游戏教学活动满足了学生的基本需求，提高了学生对体育教学活动的兴趣，使之自觉地把体育锻炼活动贯穿在自己今后的生活中。教师通过在游戏中创设一些有趣味性的游戏，有助于培养学生良好的比赛品德、积极的比赛心态。

总之，高校体育教学中应用游戏教学模式是提高体育教学质量的必要手段。各类体育游戏是发展学生思维、促进学生智力、提高学生身体健康的重要教学形式。它既可用于提升学生一般性的身体素质，又可用于提升体育的

专项性素质，其也是培养学生遵守纪律、战胜困难、团结互助、热爱集体、积极进取等优良品质的有效手段。

（二）游戏教学模式在高校体育教学中应用的流程

目前，针对学生学习出现许多优秀的教学模式，如体育音乐辅助教学模式、讲述故事模式、口诀教学模式、特色教学模式、情境教学模式等，这些教学模式都对学生学习体育技术和技能起到一定作用，而在体育教学中运用游戏教学模式是一种尝试，将会对学生学习体育产生积极的影响。在高校体育课堂上运用游戏教学模式，必须遵循一定的教学流程，才能实现游戏教学模式应有的效应，提高高校体育教学的质量。

1. 游戏的讲解和示范

在选择好游戏后，教师应首先为学生讲解游戏的目的、方法和规则。按照游戏的基本要求，具体讲解游戏的目的、任务、内容、规则等相关活动要点，从而激发学生享受游戏教学的乐趣。

游戏的讲解顺序一般是游戏的名称、目的、意义、方法、规则、要求、注意事项等。讲解时，教师应该做到两点：第一，使每位学生都能听到讲解内容，游戏的重点内容、关键的词句要讲清楚；第二，讲解与示范相结合，重要的教学内容要做示范，以利于学生的理解。

2. 游戏中的合理分组

一些游戏可以采用分组或分队进行教学，在体育教学实践中，分组的方法主要有教师分组、报数分组、行政分组、组长分组和固定分组。教师应该按照具体教学实践中的游戏内容、形式、教学条件，以及学生的具体情况来进行分组，达到人数基本相同，实力相差不多，充分调动学生的积极性、主动性和创造性。

3. 做好安全组织、裁判工作并及时调整

在一些集体游戏中易出现拥挤推搡现象，在教学前应做好预防工作，提醒学生易出现的问题，并加以引导，组织学生有序地进行活动。游戏时应做到公平、合理、判罚明晰，多鼓励和表扬，游戏中的运动量、运动强度和情绪都要加以控制和调节。

4. 做好游戏教学的总结

游戏教学不仅要注重练习过程，还要注意游戏之后的总结、反思和奖惩。注意发现问题及时研究分析，做到有的放矢。

5. 预防游戏教学中的基本问题

在体育课的教学中，可能会出现一些问题，可总结为以下几种。

第一，游戏教学中的各类意外事故。

第二，在游戏教学中，由于组织不当，加之学生争胜心强，易出现一些过激行为，如学生不团结现象，学生之间的相互责备、埋怨等。

第三，游戏运动负荷不合理。

第四，学生思想涣散、纪律性不强等现象。

为防止出现上述问题，在教学中必须注意以下几方面。

第一，游戏的选择要科学，内容要合理。

第二，规则制定要准确，裁判要公平、公正。

第三，游戏组织要严谨认真。

第四，要加强学生的纪律性和安全性教育。

（三）游戏教学模式在高校体育教学中应用的实践创新

体育游戏具有很强的针对性，可以服务于各类具体的体育教学活动。体育课形式多样、内容丰富，选择何种游戏活动应根据体育课的具体目的和内容而定。例如，课程的开始与结束部分所选择的游戏应有所不同，不同器械的体育教学课所选择的游戏也应有所不同，但无论选择什么类型的体育游戏，其所选用的游戏既要让学生得到身体的锻炼，又能为体育知识技能教学服务，有效地完成体育课的教学任务。

运动量除了老师能够给出合理的评定之外，在运动中的个人往往是根据自身状况来判断的。如果心理是放松的，或者是在比较愉快的氛围中进行，往往会在更长的时间内才认为自己达到了运动量。因此，体育游戏教育就是巧妙利用学生在游戏中的心理，延缓他们感觉到疲劳的时间，从而在无形中增加其运动量，进一步发展其潜力。在体育游戏中增加运动量，需要保持游戏的激烈性，转移学生放在运动本身中的注意力。田径运动本身就是竞争很

激烈的运动，与游戏相结合的方式能更好地发挥它的这个特点。举个例子来说，在练习百米跑的时候，可以让学生玩"抓香蕉"的游戏，五人一组，最先拿到香蕉的人可以吃掉香蕉，还能看其他人做俯卧撑等。香蕉还能够防止腿抽筋，也是很好的食物奖励。或者是发挥学生的团体意识，几个人为一个小组，玩接力比赛。一方面，可以提高他们的组织能力，另一方面，也能提高其安排策略能力，更能够提高他们的团队合作意识，在共同的努力中获得优异成绩。

体育是一项竞技运动，需要教师的积极参与，这不但可以提高师生的参与感，还能对游戏过程监控与总结，有利于保证教学质量，达到预期目的。体育运动非常考验运动者的爆发力和耐力，在游戏中，单纯凭结果很难推测哪方面是优势、哪方面为弱势。老师参与游戏，能够让学生看到自己应用游戏教学模式的认真程度，还能激发他们向老师挑战的欲望，从而更好地激发其自身的运动潜力。对于老师来讲，参加学生的游戏，是心态年轻、敢于挑战自我的表现，也给学生做了很好的榜样。而且因为年龄的关系，老师并不一定比学生优秀，正确对待失败，对学生来说也是一种教育。换言之，既然是创新游戏教学模式，那么就应该集思广益，让学生也参与到游戏的组织中来，提高他们的主人翁意识，这对其能力也是一种锻炼，而且学生自己选择的项目，会更加用心，取得的训练效果也会更好。

趣味性是体育游戏的灵魂，广大高校教师在选用体育游戏进行教学时，一定要格外关注游戏本身的趣味性。除此之外，有些教师在原有体育游戏的基础上，加入了自己的创新和改良，增加了体育运动游戏的趣味性。比如，有一些体育教师在传统以跑步为主的田径活动中加入"两人三腿"的跑步形式，这就能极大地提高游戏的趣味性，增强学生的参与感，培育其团结协作的能力，使学生的体质和精神得到双重锻炼。

体育游戏的种类繁多，不同体育游戏的应对方法和侧重点不同。教师在体育游戏开始前应该首先明确教学目标，根据符合教学目标的要求，来选用最符合要求的体育游戏。除此之外，教师还应该充分考虑体育游戏的竞技性和对抗性。比如，教师可以选用"左右脚挟球"等来满足不同学生的需求。在游戏快结束时，教师应适当降低运动量，进行一些体力消耗较小的游戏，

让学生恢复体能，更好地应对下一阶段的学习。

体育游戏应该要有明确的目的，我们应该注重体育游戏的时效性。比如，在课前阶段，教师应该安排一些热身活动，帮助学生进行热身，使其全身进入一个运动的准备阶段。不仅如此，教师在营造良好课堂氛围的同时，还应该将体育游戏和教材内容、教学目标、教学反馈相结合，优化教学资源，提高教学效率。比如，在学习弯道跑步技巧的过程中，教师应先指导学生在场地中反复练习，之后再运用接力环形跑的方式，帮助学生快速掌握所学知识，并将所学知识快速转化为实践技能，提高体育游戏的时效性。

高校体育教学的根本目的就是改善学生的体质，促进学生健康成长。在传统体育教学模式当中，有教学模式较为单一、运动量过大、创新能力不足等诸多问题，但这些问题，体育游戏都能够很好地进行改善。例如，教师在训练学生的腿部力量时，可以开展有针对性的体育游戏活动，像立定跳远、蛙跳竞赛等。在训练学生上肢力量时，教师可以开展类似投篮比赛等活动，以此来有效加强学生的上肢力量。高校体育教师应该按照教材内容和学生的实际情况，制定贴合实际的体育游戏，这能够有效增强学生的主观能动性，激发学生的体育兴趣。需要特别注意的是，在做体育游戏时，教师必须要为自身和学生做好相对完善的防护措施。防止学生因为运动量过大或运动方法不当而受到伤害。

综上所述，在高校体育教学中应用体育游戏可以带来诸多积极的促进作用。作为高校体育教师，要正确看待体育游戏的重要性，并充分立足于教材内容和教学任务，真正实现体育教学和体育游戏的有效衔接，进一步激发学生对体育的兴趣，高质量完成各项体育课程任务，保证高校学生的健康成长。

第二节 程序教学模式在高校体育教学中的创新

一、程序教学模式概述

随着我国教育事业的改革和素质教育的不断推进，倡导并培养学生心智

能力、实践能力和创新能力成为教育改革和发展的方向。为此，广大教育工作者积极进行教学尝试，把心理学和教育学的教学模式交叉融合，取得了可喜的教学效果，加快了素质教育的进程。认知心理学的观点和一些新的教学模式被广泛应用于体育技术教学和训练中，其中最典型的就是通过对程序教学和时空认知的研究，通过二者的结合并应用于某些体育项目上，为程序教学与时空认知相结合的教学模式在高校体育教学的应用提供理论基础。

程序教学模式是指依靠教学机器和程序教材，呈现学习程序，包括问题的显示、学生的反映和将反映的正误情况反馈给学生的过程，是学习者进行个别学习的方法。

程序教学把学习内容分成一个个小的问题，系统排列起来，通过编好程序的教材或特制的教学机器，逐步地提出问题（刺激）；学生选择答案，回答问题（反应）；学生回答问题后立即就知道结果，确认自己回答得正确或错误。如果解答正确，得到鼓舞（强化）就进入下一程序学习；如果不正确，就采取补充程序，再学习同一内容，直到掌握为止。其基本操作程序为：解释-问题（提问）-解答-确认。

教师实施程序教学必须考虑哪些问题呢？第一个问题，要仔细地考虑在特定的时间里计划教学的内容是什么，这些教学内容最终是要通过学生的获得来实现的。第二个问题，要考虑有哪些可以利用的强化物，这些强化物包括两种：一种是学习者在学习过程中对所操纵的材料具有强烈的兴趣性；另一种是在学习过程中给予学生奖励，譬如教师的一个善意的微笑、一句肯定的赞语、一个奖品等。第三个问题，强化的最有效的安排，即教师要把非常复杂的行为模式做成小的单位或步骤，也就是把教学目标进行具体分解，确定每个步骤所保持行为的强度，以使强化的效果能提高到最大限度。

课堂模式要求：课前教师进行导入，明确本节课学习的目标，教学重难点等；课中，教师首先讲述较难的知识点，然后让学生做相应的7～10道题的练习（是学校训练量的7～12倍），再让学生进行课堂阶段性测试；最后，进行当堂小结，形成讲、练、测、评于一体的课堂授课模式。教师给予有解答步骤的例题和足够数量的练习，学生就能根据例题形成适当的假设，并在解决问题的过程中不断得到反馈，有效地获取知识。在学生练习过程中，教

师的任务就是针对学生的不同问题加以辅导，针对出现的共性问题，在小组讨论中一并解决。这种课堂模式充分体现了教师角色由知识的传授者变为了学生学习的引导者、促进者和合作者。

二、程序教学模式的理论基础

程序教学模式理论是由控制论、信息论、心理学、运动技能规律所构成，以反馈信息为主线，把刺激、反馈、强化应用于整个教学过程中，改变了传统教学中"模仿-记忆"的学习形式，倡导学生利用"发现-解决-记忆"的学习方法。该模式改变了传统教学中以教师为主的"满堂灌"的教学形式，重在培养学生自我学习的能力。

（一）操作性条件反射原理

操作性条件反射原理是斯金纳通过动物实验得出的。斯金纳从小白鼠实验中得出人的行为可以分成两类：第一类是应答性行为，是由原来的刺激所得到的反应；第二类是操作性行为，是有机体本身做出的反应，和其他任何刺激物无关。行为主义理论的核心思想是操作性条件反射。另外，他把条件反射也分为两类，与应答性行为相对应的是应答性反射，称为 S（刺激）型，S 型名称来自英文 Simulation；与操作性行为相对应的是操作性反射，称为 R（反应）型，R 型名称来自英文 Reaction。S 型条件反射是强化与刺激直接关联，R 型条件反射是强化与反应直接关联。例如，在网球教学中，学生对每个技术动作反复练习，通过对球的落点控制与挥拍动作这一行为的强化，逐步加强对技术动作的熟练程度，从而能够熟练地掌握每个技术动作。通过对各个技术的小步骤学习逐步形成正确且完整的动作定型，符合操作性条件反射原理和动作学习规律。

（二）强化理论

学习的过程是不断强化所学知识的过程，这一过程需要利用强化物来增加对某种行为的刺激，以确保这种行为持续进行。根据斯金纳理论可把强化分为积极强化和消极强化两种，积极强化就是获得一定的强化物以增强某个

反应，消极强化就是去掉讨厌的刺激物，由此加强积极强化的效果。

在教学中的积极强化表现在教师的夸奖和自我良好的体验上，教学中消极强化表现在教师的皱眉和语言提示等方面。这两种强化都能增加某个反应再发生的可能性，不能混淆了惩罚和消极强化的作用。惩罚就是企图体现消极强化物或去除积极强化物去刺激某个反应，仅是一种治标的办法，它对被惩罚者和惩罚者都是不利的。他的实验表明，惩罚只会暂时降低某个动作的反应概率，而不能减少消退过程中反应的总次数。在他的实验中，当小白鼠牢固建立按杠杆即得到食物的条件反射后，在它再按杠杆时给予电刺激，这时反应率会迅速下降。如果以后杠杆不带电了，按压率又会直线上升。斯金纳对惩罚的科学研究，对改变当时美国和欧洲盛行的体罚教育的传统认识起了一定作用。斯金纳用强化列联这一术语表示反应与强化之间的关系，强化列联由三个变量组成：刺激辨别、行为或反应、强化刺激。刺激辨别发生在被强化的反应之前，它能使某个行为得到建立并得到及时强化，学到的行为得到强化就是刺激辨别的过程。在一个列联中，在一个"操作-反应"过程发生后就出现一个强化刺激，这个操作再发生的强度就会增加。

教学成功的关键就在于精确地分析强化效果并设计特定的强化列联。强化原理在球类技术动作的学习中是非常重要的，在教学过程中对每个小步骤（程序）进行多次练习以强化其对某一动作的认识程度，通过不断地去打球强化动作的完整性，来达到使学生都能够完全掌握每个技术动作。如在发球教学中，学生通过一定的程序对发球技术进行学习，每一次的成功发球都是对某个动作的进一步强化，直到学习者能够发出有效且高质量的球，这个强化过程才算完成。球类项目中的任何技术都可以通过设计程序对动作进行不断的强化，从而增强学生对球类技术动作的掌握效果。强化原理不仅在球类教学中有重要作用，在体育的各个项目中都起到非常重要的作用。

（三）程序教学模式的控制论

程序教学就是一个闭环式的循环控制系统，在这个系统中，要沿着一定的路径达到教学目标，并且学生自我对这个过程进行控制。而反馈则是实现控制的必要条件，教学中只有通过学生的信息反馈发现未解决的问题，才能

及时改进程序序列和教学模式，这样就实现了反馈控制的循环控制系统，体育教学过程需要一个符合流程的控制过程。

在体育教学活动中，教师通过正向控制运用教学手段和程序教材控制学生学习某项技术过程。利用反馈控制渠道，通过一定的评价方式和检验方法了解学生对运动技术的掌握情况，及时纠正程序中不合理的地方，然后根据程序教材施行更合理的教学程序。这样，就能不断地提高所编程序的科学性。经过较多的闭环式的控制过程，使学生的学习结果接近程序制定的预定目标。

（四）程序教学模式的信息论

学习者学习动作的过程可以看作一个信息加工的过程，简单地说就是一个传递、获取、存储、检索、使用信息和信息反馈的过程，而且是以大脑皮质对动作的掌握以及调节为基础的。研究表明：在日常的信息中，只有15%～20%的信息来自听觉，60%～80%的信息是通过视觉接收的，而且视觉信息的内容比听觉信息的内容更丰富、更具体，各个体育项目的教学有其特殊的信息传递规律即教师获取学生完成动作的反馈信息。体育教学过程是一个以身体练习为主的教育过程，在体育教学过程中，学生通过听觉获取信息的时间要比其他教学过程少得多，这样也就无形中提高了视觉信息在体育教学中的重要性。

教学信息反映着教学系统自身的各种状态和特征，信息在现代教学训练中的运用主要表现在几个方面：运用控制信息有效地调节和控制学生的学习；运用信息反馈对学习过程进行有效的检测和调控；运用信息对学生学习过程与状态进行诊断，了解学习的进展情况，评价学生的学习效果；运用获取的信息改进教学工作，以不断创造新的技术、教学手段与方法；运用扩大知识信息获取量提高教师和学生的知识和技能水平；运用各种不同的信息对教学、学习过程进行多学科综合调控。

信息论的观点是把教学系统看成信息系统，研究教学信息的传递、处理和储存，以揭示教学信息系统的活动规律和控制规律。程序教学过程中及时反馈、及时强化的控制作用是通过信息的传递、储存、处理来实现的，因此研究体育技术教学，运用信息论方法是十分必要的。体育教学中教师通过一

定的手段把信息（也就是技术动作）传递给学生，学生通过对信息的加工处理，进而形成正确的动作概念。

（五）程序教学模式的心理学

1. 行为主义心理学

学习过程实际上是一个刺激-反应、强刺激-强反应的过程，根据刺激的不同，就将产生不同的反应，弱的刺激产生弱的反应，强的刺激将产生强的反应。同时，很多学者认为繁重的学习任务将增加学生学习的焦虑感，而过高的学习焦虑感则会降低学生的学习效率。提高学生的学习效率同时降低学生的焦虑感，是体育工作者所面临的重要课题。因此，在程序教学中科学规划教学程序是非常有必要的。

2. 体育心理学原理

体育心理学原理表明，动机是激励人去行动以达到一定目的的内在动因，它以欲望、兴趣、理想等形式表现出来，是个体发动和维持其行动的一种有意识的心理活动倾向。体育教学中学生的学习动机是指推动学生学习运动技术、经常参加体育活动的心理动因，是学生掌握运动知识、技能的前提。学习动机一般是由学习的自觉性和对学习内容的直接兴趣组成。学生对体育活动的学习动机，其自觉性和直接兴趣可以在一定条件下相互转化。

三、程序教学模式在高校体育教学中的实践创新

程序教学模式作为一种有效的新型教学模式，在改善并促进体育教学的不断发展。当前不少体育教师为了更好地提高程序教学模式的教学效果，提出了程序教学模式与时空认知相结合的体育教学模式，即程序时空认知教学模式，不断地对程序教学模式进行创新研究并应用于实践中。

（一）程序时空认知教学模式的概念

时空是一种客观抽象的概念，是万事万物存在的基本属性。而认知则是一种主观抽象的概念，是对外界事物的认识过程。人不是被动的刺激物接受

者，人脑中进行着积极地对所接收的信息进行加工的过程，这个加工过程是认知过程即人的感觉器官对外界事物的刺激进行信息加工的过程。所以时空与认知结合在一起的理解就是人脑对所感知到的外界事物的存在形式进行信息加工处理的过程。

程序时空认知教学模式是教师根据不同体育技术项目的教学程序与学生时空认知的时空感觉、时空表象，以及时空认知建立、发展和巩固的规律紧密结合在一起，在教学过程中将两个程序结合起来进行教学尝试的教学模式。

这一教学模式适用于体育教学训练中基本技术动作的教学，能够提高教学进度与质量，缩短教学时数，对有效提高学生自主学习效果起到了重要作用。同时，这两种教学模式的有机结合，能充分调动学生学习的积极性和主动性，培养学生思维能力、认知能力以及创新能力。另外，在教学过程中把教材分成严密的逻辑顺序单元，使学生对技术的认知和技术的掌握逐步进行，从而降低了教学难度，提高了学生的学习自信心。在教学过程中，应对学生的每个反应做出反馈和调整，并及时对错误动作进行纠正，这样连续的信息反馈可以使学生沿着正确的学习方向，按照教学程序的要求在适合自己的学习速度上学习，不会因为个体素质及基础的差异而影响整体的学习进程。再者，教师对每次的学习情况都应详细了解，从而发现教学程序的不足之处，并及时对教学程序进行修改、补充和完善。

（二）程序时空认知教学模式在高校体育中的创新应用

1. 教学程序与时空口诀

教学程序和时空口诀的编制是开展程序时空认知教学模式教学的前提，它们的合理与否直接关系到教学能否顺利进行，还会影响到教学效果。教师在编制程序和时空口诀时一定要按照程序编程方法，了解注意事项，遵循由易到难、由简到繁、循序渐进的原则。

（1）程序编制方法

直线式程序的编制方法：把一个完整的技术动作拆分成若干个小步骤，也就是有若干个学习目标，在学习掌握了第一个学习目标后，再学习第二个目标、第三个目标……依次完成全部的小步骤后，再进行完整的技术动作训

练，反复强化。

集中式程序的编制方法：学生先学习前几个小步骤的内容，当前几个目标掌握并巩固后再进行下一个目标的学习，直到最后完成整个技术动作。

交叉式程序的编制方法：遵循"整-分-整-分-整"的学习模式，即先了解完整技术动作，再学习第一步的内容，掌握了第一步内容后重新学习完整技术，接着再学习第二步，在掌握了第二步后再重新学习完整技术，依次类推，直到熟练掌握完整技术动作。

在编制体育技术教学程序时，随着程序的不断深入，动作难度就会不断加大，我们需要对体育技术动作进行结构分析，剖析出动作的关键点、难点和重点，并在技术上合理地调整小步骤。此时可以采用集中式或交叉式的编程程序，让整个技术的衔接更顺利、更完整，也更容易形成正确的动力定型。针对动作的关键点和难点，应着重强调和反复练习，避免形成动作脱节的现象。从结构上可以把一个动作分成若干个小环节，难点就是对于学生来说比较难掌握的环节，它对学生完成动作的好坏和技术的高低有着重要的影响。关键点和难点有时相同，有时不同，但是重点就复杂了，重点有时是关键点和难点，有时只是一节课堂中所要侧重解决的问题。所以，在教学中应该分清重难点和关键点。

（2）编制体育技术教学程序和时空口诀应该注意的事项

在编制体育技术教学程序时要遵循编程方法，结合体育运动的技术特点、技术结构和内在规律，将运动技术分别分解成几个小步骤，再合理重组每一项体育技术的教学步骤，形成一个新的教学程序。

时空口诀也是根据教学程序的小步骤编制的，它的作用就是让学生更好地理解运动技术的时空特征，使学生更快地掌握运动技术。所以，在设计时空口诀时一定要结合运动技术的动作要领。口诀要简单明了，便于学生理解和记忆，这样方便让时空口诀在辅助技术动作的学习中发挥最大作用。

在编制运动技术教学程序与时空口诀时，不但要考虑其合理性，也要考虑到两种教学模式的特点，必须把这两种教学模式的优点结合起来共同融入教学，才能使教学效果最大化。

编制运动技术教学程序主要是为了让学生更容易地掌握运动技术，所以在编制过程中应事先了解学生个体情况的差异，以及对体育运动的认识程度和感兴趣程度，只有在充分了解这些信息后编制出的教学程序才符合学生的实际，才能在教学中取得理想的效果。

2. 程序时空认知教学模式在高校体育教学中的创新应用——跳远

根据现代跳远技术的特点，结合程序教学模式的编程方法及其特点，同时依据程序教学与时空认知相结合的教学模式，在跳远技术教学程序的构建基础上，可以制定出跳远程序时空认知教学模式的教学流程。

第一步，在课程开始前，教师要做好准备工作，分解好教学目标，确定本节课的学习内容，编制学生跳远时空口诀。

第二步，在课程的开始阶段，教师进行常规教学，并教给学生时空口诀，然后进行讲解示范，并让学生观看技术图片，加强跳远运动时空感训练。

第三步，进入自主练习阶段。教师引导学生进行自主练习，通过学生之间的相互交流，互相反馈意见，找出产生错误动作的原因，同时教师根据学生产生错误动作的原因，及时帮助和指导学生改进动作，再进行强化练习，以完成技术学习。

第四步，教师对学生进行测试。测试结果分为三种：通过，即学生能熟练地完成技术动作；基本通过，即学生能完成技术动作，但不熟练，动作不连贯、僵硬，必须通过强化训练后才能通过；未通过，即学生不能完成技术动作，需要重新学习该动作；未通过但经过强化练习后通过的，可以进入下一单元的学习；仍未通过的，必须继续学习，直至学会才能进入下一单元的学习。

第五步，课程结束前填写时空认知问卷，课后回忆课堂教学程序、方法和自己的感觉与体验。

3. 程序时空认知教学模式在高校体育教学中的创新应用——排球

教师采用程序时空认知教学模式进行教学时的课堂操作可分为以下五个具体步骤。

第一步，在上课之前教师要关注三点：教材、学生、方法。教材就是课前教师已经预先编好的教学程序和时空口诀；"学生"是指在课前要让学生记住时空口诀，对排球技术有一个初步的了解，为课堂上的练习提供理论基础；

方法就是将教材和学生结合在一起,即将技术动作和时空口诀进行动作演练,让学生对排球技术动作建立起正确且完整的认识。

第二步,在上课的开始部分依然是常规教学模式,教师给学生进行技术动作的讲解与示范。

第三步,在学生自学自练阶段,教师为了提高学生的自学能力,引导每一位学生根据自己的能力和水平选择适合自己的学习程序,这样不仅能提高学生的学习兴趣,也能获得更好的学习效果。鼓励学生之间相互沟通,互相帮忙,找出对方的问题所在,分析原因,解决问题。同时,教师与学生之间也要经常交流,给予学生及时的评价和反馈,纠正其错误动作,强化和巩固正确动作,帮助学生顺利完成课堂目标。

第四步,教师进行主观测试,测试结果有三种情况:通过,即学生很顺利地完成动作;基本通过,即学生动作完成得不熟练,还需要加强练习;未通过即技术动作完成不了或动作错误。针对未通过的学生要重点去盯,更需要教师和其他学生的帮助和关心,而且未通过的学生应该主动找教师和其他学生交流讨论,找出问题所在及解决方法,纠正自身错误动作,强化正确动作的练习,一直练习到通过为止。

第五步,在每一节课前和课下都要填写时空口诀信息反馈表和自评细则表,以了解学生的学习信息和课堂体验情况。

(三)对高校体育教学中程序时空认知教学模式创新应用的再认识与建议

1. 对高校体育教学中程序时空认知教学模式创新应用的再认识

在程序教学与时空认知相结合的教学模式中,先让学生通过时空口诀的学习初步建立起对技术动作的时空感觉,再将技术动作和时空口诀结合起来演练,强化学生对技术动作的认知,使其形成正确的动作概念和时空表象,降低动作的学习难度,减少动作的错误率。通过录像等教学手段反馈和强化学生的技术动作,达到提高学生运动技术和技能水平的效果。

程序教学与时空认知相结合的教学模式可以将总体教学目标有机分解,很大程度上降低技术学习的难度,最后将分解的目标再优化组合,更容易完

成总的教学目标。除了一般目标以外，程序教学与时空认知相结合的教学模式在课堂教学中，以开展教师评价、学生互评、学生自评的方式反馈信息，激发学生的思维认知，在学习中主动发现问题、分析问题、解决问题，不但提高了学生学习自主性，也培养了学生的综合能力。

2. 对高校体育教学中程序时空认知教学模式创新应用的建议

课前设计的时空口诀是帮助学生理解和记忆技术动作的，它是形成正确动作概念的前提，所以设计时空口诀一定要紧紧围绕动作的技术要领来进行，这样口诀就能简单、准确，对学生的理解和记忆也就更加方便了。

程序教学与时空认知相结合的教学分解教学内容，虽然降低了学习难度，并且能够适用于不同层次的学生，但在教学中也要采用适当的辅助手段（语言、动作、电脑课件等），充分调动学生学习的自信心和积极性，更要注意在练习的同时引导学生不断思考，做到学思结合，反馈与强化并存，从而提高技术动作的正确率。

在教学程序和时空口诀的编制过程中，不但要考虑教材内容的特点和两种教学模式的优化组合，更重要的是必须结合学生的实际水平，才能编制出合理有效的教学程序。

程序教学与时空认知相结合的教学模式不能简单地套用程序，也要结合其他教学模式的优点和经验辅助教学，这样才能达到最优的教学效果。

第三节　俱乐部教学模式在高校体育教学中的创新

一、体育教学俱乐部理论

（一）体育教学俱乐部概述

1. 体育教学俱乐部概念的界定

"俱乐部"这个词语最早出现在欧美地区，它还有一个别称——总会。它是对社会团体、娱乐场所的统称，中国通常也将各种进行文娱活动或体育活

动的场所称为俱乐部。

美国的经济学家詹姆斯·布坎南在《俱乐部的经济理论》里提到了俱乐部理论并对俱乐部的特点做了以下概括：俱乐部有一个地理区域范围，在这个范围内有一群彼此间联系的群体，同时俱乐部自身又具有独立性，内部成员有共同的目标和利益，能够通过参加俱乐部满足一些需求。

体育俱乐部很多样化，构成也很复杂，所以清楚明确俱乐部的概念是非常重要的。体育俱乐部是一种自发地将"人"集合到一起从事体育活动的社会性组织。体育管理部门对体育俱乐部界定为由企事业单位、社会团体和公民个人利用非政府财政拨款举办的，以开展体育活动为主要内容的基层体育组织。体育俱乐部有业余、职业、商业三种，业余的是非营利、自愿自治的群众性组织。

学校作为非营利的实体归属于业余体育俱乐部，体育课程应该在凸显课堂教学的同时为课外活动提供服务。学校体育以俱乐部教学的形式推进，应该顺应教学规律，听从教师的指导，依据自身兴趣、爱好，选择运动项目、授课老师、时间等。有相同体育锻炼喜好的学生坚持素质教育、健康教育的目标，根据自身的生理、心理等多方需求，在学校的体育场里围绕某个运动项目进行活动，要遵照大课程观，在制定课程时综合考虑体育教学、群体竞赛、运动训练、课外体育活动四方面的内容，这便是俱乐部体育教学模式。

2. 体育俱乐部体育教学模式的特点

（1）明确的培养目标和指导思想

俱乐部体育教学模式将高校体育教学具备的实用、多样、社会、娱乐等特点综合到一起，确立终身进行体育活动的目标，努力提高学生进行体育锻炼的意识，掌握有关技能、方法，培养良好的运动锻炼习惯，最终切实提升身体的各项指标以及适应社会的能力。

（2）新颖的教学组织形式

俱乐部体育教学模式打破了年级、专业的限制，按学生需求和水平分层教学，教师按项目分不同级别进行教学，这样既发挥了教师的专项特长，也有利于学生获得最佳的情感体验，符合因材施教的教育原则，是适宜学生全面发展的教学组织形式。

（3）会员制度

会员制要求学生在交纳一定会费的情况下才能加入俱乐部，享受会员待遇，并以此来维持俱乐部日常的正常运转，这在一定程度上也引导了大学生体育消费价值观的转变。同时，会员制度也有利于教学和管理，提高教学质量。

（4）体育教师的专业特长得到了充分发挥

传统的体育课程里，要求体育老师遵守教学大纲教授多种类别的课程，但有些老师在进行实践时会感到很吃力，这样就会使教学质量大打折扣，也会使老师在课堂上的主导性受到影响。而以俱乐部形式进行教学，可以确保体育教师充分展示自己的长处、优势，保证教师的主体性，保障较高的教学品质。

课外单项体育俱乐部或一些体育协会的指导教师都是各个专项中最具能力的教师，如曾经获得过全国比赛的冠军，这些教师在学生心目中具有较高的威信，教师的人格魅力也在吸引着学生参加俱乐部活动。另外，教师之间也充满竞争性。从选课、择师到择教的机制看，学生的选课、择师完全是动态的，学生对教师的择教也是随机的，学生对教师的满意度是作为教师考核的主要依据，这样反向要求教师不仅要成为某一项目的专家和权威，还要掌握几种体育运动技能。

（5）学生参与教学与组织管理

俱乐部体育教学的模式更重视学生的兴趣，它不会因为确保教师在课堂上的主导性而忽视学生主体，其也赋予了学生组织、管理、活动等方面的权利，提升了学生的学习积极性和主动性。让学生加入体育教学过程，可以培养出班级干部，也可以使学生熟练掌握体育锻炼的方法，培养其良好的运动习惯。学生会将在课上学习的方法运用到课堂之外的锻炼及运动上去，这就使课堂上的学习内容在无形中蔓延、贯穿于学生的体育活动，使体育教学的效果最大化。

（6）课内外一体化，拓展体育时空

俱乐部体育教学模式的目的是教授理论知识，提高学生对体育运动的兴趣，让学生在学习过程中真正掌握运动技能，它的要求也与体育教程的目标

相符。站在学生的立场上看，他们可以把课堂上学到的理论知识运用到课外的活动中，也能接受老师或体育骨干的指导，在俱乐部中参与多样化的活动，感受体育运动的趣味性，在学校里营造"热爱体育、参与体育、享受体育"的校园体育文化。

（二）高校实施俱乐部体育教学模式的条件

高校的体育课程重点还是落在健康方面，教学时把学生放到中心位置，帮助学生养成良好的锻炼习惯和意识。要根据中国的实际情况，有选择性地学习其他国家的教学经验。选择学生愿意且真正喜欢的体育课程，使其在上课过程中掌握一些运动项目，并且为进行终身体育运动奠定基础。这是高校进行体育改革的关键。

1. 经济背景

中国经济的发展情况比较稳定、乐观，经济总量也展现出积极的发展态势。随着经济水平的发展，国家对教育的重视程度也越来越高，体育领域的资金也较之前有所增加，给体育教学俱乐部提供了经济支持，这样也可以进一步推动高校体育课程的改革。

2. 文化背景

中国有着悠久的历史传统文化，中国体育课从思想、制度、内容、方法等多方面都有其痕迹，体育课也是文化和历史发展到一定阶段后出现的一种用来承载文化的产物。它遵从的是没有偏向、融会贯通的全面发展价值观，应该将中国文化独有的深厚文化内涵与体育教学结合到一起，创建出属于中国的独特的体育文化。

3. 自然环境

中国地大物博，地形地貌复杂，气候类型多，因此，体育活动就可以充分地把平原、盆地、高原等独特的地形、地势利用起来。借助各种不同的地势开发体育活动，使体育活动更加丰富，给人们带来更多美好的体验。结合俱乐部体育教学模式，南方高校夏季可以开设游泳、赛艇、龙舟、冲浪等课程，北方高校冬季可以开设冰上运动等。

4. 校园体育文化环境

校园体育文化就是校园文化里和体育文化有直接、间接联系的部分。校园体育文化可以带动校园里的人参与到体育运动中，也能够引导大家更关注体育活动。它形成的动因，主要来自校园内学校体育开展的状况、学校体育发展的硬件建设、体育竞赛的水平、参与竞赛的人数、参与者的积极程度等。它能够使学生对体育产生深层次的认识，从而促使其形成体育锻炼的习惯。

校园体育文化建设和体育教学俱乐部关系密切。校园体育文化包含的范围更加广泛，有课堂教学、课外活动，也会在校园里的各种场所进行体育活动。校园体育文化和俱乐部体育教学模式结合起来，可以更好地推动学校体育活动的开展，使学生体验学习之外的校园活动，培养学生进行体育运动的习惯和终身保持运动的体育意识。

二、弹性体育俱乐部教学模式的构建基础与创新

中国国土面积大，地区和地区之间的发展不均衡，文化、体育等方面的发展存在很大的差别，文化程度的参差又导致各地区对学校体育的重视程度不同，场地、器材、师资质量以及学校的地理位置等条件，都会影响体育运动的发展，也会影响俱乐部体育教学的进程。所以，从中国国情出发，在大课程观的指导下，结合现在的公共体育课程革新趋势，重新梳理、规划课程体育教学俱乐部的课程模式，提出了弹性体育教学这种全新的俱乐部教学形式。

弹性体育教学俱乐部模式保留了俱乐部体育教学模式的优势，把健康体育和终身体育作为最首要的目标，具体问题具体分析，一一解决实践过程中遇到的问题，更好地满足体育课程改革的要求。它是一种灵活动态的课程模式，有调整的幅度与空间，能够帮助体育教学实践更好地开展以及适应教学需要。

（一）弹性体育教学俱乐部模式的构建基础

现实差异基础、教育理论基础和课程政策基础是弹性体育教学俱乐部模式的构建基础。

1. 现实差异基础

中国的社会环境、经济情况、文化背景等方面都和外国有很大的差别，不同国家背景下产生的体育教学俱乐部自然也具有这种差异性，正是这些差异性、特殊性和不平衡性对体育课程提出了不同要求。因此，弹性体育教学俱乐部模式的构建，必须在对各个地区现实情况的基础上进行认真研究，以切实增强体育课程和地区的适应性。我国不同地区的差异进一步导致了学校之间的差异，甚至同一地区的学校也可能存在着差异性，这些差异主要体现在培养目标、师资构成、场地器材、教学条件和学生的体育基础上。因此，弹性体育教学俱乐部模式的构建，必须考虑到学校的差异，以增强体育课程和学校的适应性。

2. 教育理论基础

目前世界各个国家的课程改革方向都表现出一种相同的特征，让科学更加靠近现实生活，将二者和谐地融合到一起。当这种时代精神进入体育领域时，表明大学体育应该将主体教育观作为改革的重要任务。

主体教育观尊重人，致力于培养有主体性的人，人与人的关系即交互主体关系。在教育领域，教师与学生这两个主体在交流过程中成为共同体，教师和学生之间也形成交互主体关系，在教师学生持续的交流过程中培养出有主体性的人，这便是教育最直接的目的以及最重要的价值。教育应该贴近现实生活，回归到现实生活的教育处于社会主体地位。弹性体育教学俱乐部模式需要坚持主体教育观，在设置课程、教学内容、教学模式等方面体现"以人为本"的原则，真正实现学生是学习的主人这一理念。

3. 课程政策基础

体育课教学需要尊重学生身体、心理的发展规律，教学内容要按照教学大纲制定，也要灵活多变，适应学生的年纪、性别等。学校应该关注课程内容是否有效，是否与体育课程的内容有联系。设计的课程应该体现出本学期新的进度和成果；要将人放在首位，尊重大学生的身体、心理发展规律和兴趣，要主动适应学生个性及社会发展的需要，让学生在课外自发地进行体育训练；还应该继承发扬中国的体育传统特色，借鉴世界各国的优秀体育文化，体现具有时代特征以及发展前景的中国式体育教学。

（二）弹性体育俱乐部教学模式的创新思路

1. 弹性体育教学俱乐部模式的管理机制

弹性体育教学俱乐部模式希望建立起有伸缩空间的体育活动。

（1）外部管理

制定管理制度牵涉较多，只让学校体育部门进行管理难以解决大量、复杂的问题与矛盾，应该由学校多个部门一起配合，互相辅助。学校也可以制定《大学生体育教学俱乐部管理条例》，把书面规定作为管理的基础。要确立好体育教学俱乐部管理的政策，强化学校对体育教学俱乐部的整体把控、管理。另外，也要让校团委、体育部（室）、学生工作部等加入体育教学俱乐部管理，构成多部门、多方面管理的情况。

有一些高校的管理体制和规则制度比较完善，依旧需要对体育教学俱乐部进行强化，让学生在俱乐部活动过程中锻炼身体，提高体能，真正让学生参与其中、学校尽力配合成为现实。在管理领域，一定要具有自主性，一些发展较慢的高校需要强化学校的管理功能。当前的体育教学俱乐部主要依靠学校运行，未来的俱乐部管理工作则要逐渐交给学生，让学生全方位管理俱乐部。这不仅对提高学生的适应能力、管理能力、组织能力有积极作用，也能提升学生的综合素质。

（2）内部管理

参加体育教学俱乐部的学生身体素质和运动水平并不平衡，所以建立起完善的俱乐部内部规章制度，强化俱乐部的内部管理是十分重要的，但具体实践时，不可以完全由学校进行管理，应该随机应变，充分发挥学生在体育教学中的主体地位。不过根据当前的情况来看，尚不具备完善成熟的俱乐部教学管理机制，各个高校应该将自身的俱乐部理念和学校现实结合到一起，形成独特的最适合本校的管理方法。国外的俱乐部管理不够严格严谨，不符合中国国情，所以不能完全学习国外的管理方案。可以进行弹性管理，把教、学的积极性充分发挥出来，提升教学的质量。

体育教学俱乐部需要建立起有效的弹性管理方案，制定出适合俱乐部长期使用的制度，在符合规章制度要求的情况下开展俱乐部教学工作。要更好

地进行俱乐部内部管理应该从以下几方面入手。

① 制定切实可行的弹性管理目标

体育教学俱乐部应该由管理者和会员一起制定好管理的目标。这个目标要与当地、学校、学生的实际情况相符，并且要合理具体，能够投入实践。举例来说，学生会员的出勤率，一些高校体育课对合格的要求是学生参加体育俱乐部活动的出勤率超过 70%。

② 加强人力资源管理

学生是体育教学俱乐部真正的参与者，俱乐部制定的多种措施都是为了提升学生的参与度，发挥出学生的个性及才能，尤其是发挥学生骨干的作用，建立一个可以让学生自由展现的平台，便于开展俱乐部的工作。举例来说，让学生在一些体育比赛中当裁判等。

③ 完善激励和约束机制

激励最重要的目标就是激发、培养人的进取精神，约束则是促使人养成遵守规矩的习惯。坚持"以人为本"的理念，在此基础上实行竞争机制，确立科学的管理制度、措施，奖罚分明，可以在一定程度上激发学生的学习积极性。举例来说，可以给俱乐部中获得国家级奖项前六名的同学 90 分的体育课基础成绩，给参加了比赛却没获得名次的同学 75 分的体育课基础成绩。

2. 弹性体育教学俱乐部模式的决策机制

（1）经费筹集

俱乐部要正常运转，必须有一定的资金作为保障。学生作为消费群体，不能让他们承担俱乐部运作的所有费用。为实现教学俱乐部的正常运转，根据各地区高校开展程度的情况，将弹性体育教学俱乐部经费筹措办法总结如下。

① 政府拨款

中国的体育教学俱乐部运转的主要方式就是借助政府投资办学。各大高校的经费主要来自国家的财政收入，经济水平高的地区财政收入会更高。正因如此，这些经济水平高的地区更有实力投入更多的教育经费。学校可积极寻求政府的支持，各级政府也可根据客观情况适当增加财政预算，加大对高校体育经费的投入力度。

② 筹措体育发展基金

每年学生入学交纳一定数量的费用（根据各高校实际情况而定，成立俱乐部发展基金），各俱乐部可利用这部分经费支付日常开支，当学生毕业离校时，再将这部分资金如数地返还给学生。如新生入学时每人交纳 100 元的会费作为俱乐部的周转资金，毕业时再退还给他们。如以平均每年招新生 5 000名计算，4 年可收取活动周转资金 200 万元，除去学生大四毕业时退还的 50万元本金外，可实际用于周转的资金为 150 万元。这样就大大减少了学校对体育方面的投入，同时又为俱乐部自身的发展提供了物质保障。

③ 争取社会赞助

在俱乐部运作过程中，鼓励各俱乐部自己外出寻求赞助或参加各种比赛、表演，利用品牌效应使更多的企业投资俱乐部。同时，还可积极争取校办企业和校外企业的赞助。企业赞助为高校体育的发展开辟了新路，各俱乐部可以代表学校参加比赛，对于赞助及比赛奖励所获得的资金，一部分可以用于俱乐部的日常开支，另一部分上缴学校，成为发展基金。

④ 获取捐赠

捐赠的主要形式就是获得校友会、个人、公司、基金会等社会多方人士支持。其中校友捐赠很重要，一些学校的优秀毕业生会在自身财力许可的情况下回馈母校，支持学校的体育事业发展。高校俱乐部接受捐赠的形式则更多，现金或者实物捐赠都可以。捐赠在一定程度上可以和政府支持的资金成为一样重要的经费来源，补充高校短缺的体育经费。

⑤ 充分利用学校的场馆、器材

学校可以在体育节或假日期间对社会开放学校体育场馆、器材等，可以收取一部分费用，将其中一部分费用用作维护、建设场馆、器材等。

⑥ 创办经济实体

体育教学俱乐部以学校为依托，一些体育教学俱乐部发展得很好的学校可以在社会面上创办经济实体，来促进体育产业的发展。举例来说，学校给本校的教职员工、学生等提供体育服装、器材，它能很好地满足学校内部需求，也能给俱乐部增加一些收入。

⑦ 自我融资渠道

学校可合理利用体育场馆设施、体育师资力量等条件，积极兴办各类经营性健身娱乐俱乐部，承接企事业单位、社会团体的各种体育竞赛和文艺演出等活动，促进顾客市场的发展，提高自我融资能力，增加俱乐部收入。

（2）场地、器材

体育教学俱乐部模式对场地和器材的要求比较高，它的数量、规模及人均比例直接决定了学生开展体育训练的情况。经济条件好的学校会有更丰富的体育器材，资金较为短缺的学校器材设施不够完善，开展羽毛球等广受学生喜爱的运动时也会受制于场地、器材等，无法适应学生需求，也不利于培养学生的体育兴趣和运动习惯。

针对上述问题，可以从两方面解决：第一，高校应该秉持可持续发展理念，在环保节约的基础上建设新场馆、引入新器材等，为进行体育活动提供坚实的物质基础；第二，学校在当前已经具备的条件基础上，根据自身实际情况，发掘场馆的潜力，将现有资源能效发挥到最大。修建新的体育场馆需要时间和资金，学校可以采取一馆多用、一场多用等措施，提升场馆利用率。举例来说，篮球场也可当作羽毛球场使用。选择体育项目时，对场地要求较低的项目可以优先选择，比如无风天气可以在平地上打羽毛球。

（3）教师队伍建设

体育教学俱乐部实施弹性化教学策略，可以激发老师教学的创造性。想要满足俱乐部体育教学的要求，就要制定合理的计划，做好俱乐部老师的继续教育工作。体育老师应该持续学习，提高自己的知识储备和教学能力，善于借助各种信息渠道更新自己的理论体系，确保自己的教学质量处在较高水平。

① 加强教师对体育教学俱乐部的认识

高素质的教师队伍是高校实施体育教学俱乐部的重要保证，这支队伍不仅要对体育教学俱乐部有着深刻的认识与理解，还要有强烈的敬业精神和过硬的专业技术。

有一些体育老师并不了解体育教学俱乐部，还有一些体育俱乐部只是改变了名称，但仍旧沿用传统的体育课程模式，这些现象都严重阻碍了高校体育教学改革。加强对体育老师的职后培训可以提升他们对俱乐部的认识和理解，改变他们的教学思想、观念，更好地适应新时代学生对体育提出的新要求。体育教学俱乐部对老师的要求逐渐提高，体育老师既要有自己擅长的运动项目，也要涉猎其他的运动项目，这样才能更好地满足学校、学生的体育锻炼需求。

② 完善师资配置

体育教学俱乐部引进人才时应该兼顾数量和质量，年龄、职称、学位等都要兼顾。实际调查显示，老师的年纪、学历、职称等存在不平衡的现象。所以各大高校也要从自身实际情况出发，完善师资配置，定时考核，采用竞争机制，实施动态管理。此外，为了适应学校多种体育工作要求，体育老师师资最好采用梯次、互补、实用型的复合结构。

第一，体育老师的人数应该满足俱乐部课程教学需要。体育教学俱乐部的课程教学是课堂教学，同时也包括了学生的课外体育锻炼、运动训练及竞赛，特别是业余训练要由专门从事该项活动的体育教练来担任。在课堂教学师资的配备上，一位高校体育教师上课课时一般在每周 12 节课左右为宜。在课外体育锻炼和运动竞赛的配备上，可充分利用体育课堂教学的教师资源，督促这些体育教师担任业余指导。在运动训练教师的配备上，一般一所学校有 3～5 个训练队，配备教练时，田径和游泳项目的教练通常要 4 人左右，其他项目 1～2 人。一个训练队每周训练 3～6 次，每次 2 个课时。按此计算，一个学校训练队的教练员配备应该在 6～10 人。按以上结果计算，在校学生 10 000 人，体育教师应该维持在 35～45 人。考虑到学校实际，若在编人员不那么充足，还可以外聘教师来满足体育教学和运动训练的需要。这部分外聘的教师可以是退休的专业教练、优秀运动员、外校的体验教师等。

第二，体育教师的结构要满足体育教学俱乐部课程教学的需要。在年龄结构中，教师队伍中应有老、中、青人群，年龄呈梯队层次。青年教师可以凭借年轻力壮有闯劲、多做事、多实践；中老年教师阅历丰富，可多向年轻教师传授教学经验，指导他们工作。在学历结构中，硕士及硕士以上学位的体育教师数量应适当增加。在项目结构中，教师队伍应掌握多个体育项目，如传统体育项目武术、篮球、排球、乒乓球、足球、田径等，时尚体育项目

有健美操、体育舞蹈、健身运动、网球、跆拳道、防身术等，新兴体育项目有定向越野、户外运动、蹦极、攀岩等。在教师知识结构中，可聘请不同院校毕业的教师，使其知识结构呈互补型。各个体育大学或体育学院，由于培养方向不同、课程设置不同、学习背景不同、教学模式各异，在知识结构上也有差异。同一学科来自不同院校的毕业生也能带来不同的信息，可以优势互补，各取所长，相得益彰。在职称结构中，教师队伍中应具有助教、讲师、副教授、教授等多种职称人才。在性别结构上，教师队伍的性别比例应与上课学生性别比例基本相等。

③ 强化教师的职后教育

快速地提升教师队伍整体素质的有效途径就是加强对老师的职后教育。在开展教师培训工作时，要在资金扶持等方面给予实质性的帮助。也要在制度方面进行规定，让老师持续提升自己的业务能力。

第一，从体育教学俱乐部中教师的职后教育形式来看，有岗前培训、高级研修班等培训形式。

第二，从体育教学俱乐部中教师职后教育方法来看，学校应该完善、落实教师继续教育制度，俱乐部教师的职后教育方法大概有四种：第一种，在职培训。可以借助一些进修课，如高级研讨班等方式实现。第二种，脱产进修培训。主要是攻读学位，提高老师的学历。第三种，增强对中青年老师的业务指导。老教师带年轻新教师，培训青年教师，提升他们的教学水平。第四种，个人自修学习。老师选定一个体育科学研究方向进行深度研究。

第三，增强对青年教师的培训力度，挖掘青年教师的科研、教学潜力。年轻老师进校后应该对其进行重点培养，让经验丰富的老师帮助青年教师适应工作环境，提升青年教师的职业能力。有经验的老师要起好带头作用，积极带动青年教师在教学的过程中积攒经验，慢慢成熟，让他们可以独立开展教学、科研工作，并及时对青年教师的工作成绩给予反馈与肯定。

3. 弹性体育教学俱乐部模式的教学机制

(1) 指导思想

① 宏观指导思想

应该遵从体育学科本身的特点，也要尊重大学生身体、心理的发展规律，

注重素质教育，把学生的健康发展放在重要位置，通过体育教学和群体活动打好基础，全面推动学校学生的体育工作。体育教学俱乐部将确立全面育人、健康第一、终身体育和身心协调发展的指导思想，追求体育教育的综合性和终身性。

② 具体指导思想

大学生的体育课程包含课堂教学、课外体育活动以及校园文化氛围这三方面内容，把大学的体育教育拓展到高等教育的全部过程中，就要把体育课堂教学这一显性课程和课外体育这一隐性课程当作一个整体去看待。把体育教学俱乐部作为中心，积极引导学生进行多样丰富的体育活动，在开展体育实践的过程中强化自己的体能，熟练掌握几项运动技能，感受运动的趣味性，养成锻炼的习惯，为终身进行体育活动奠定良好的基础。

（2）目标体系

① 课程总目标

各大高校要从自己的实际情况出发确定体育教学俱乐部的基本目标和发展目标。弹性体育教学俱乐部的目标有"弹性区间"，这既是顾及地区间经济水平、教育水平、不同学校培养目标、师资力量和教学设备的区别，以及学生在体育知识、技能、身体素质上存在的差异，也是考虑到期望目标与实际结果之间可能出现的差异。基本目标是根据大多数学生的基本要求而确定的，反映了体育目标的强制性；而发展目标则是针对部分学有所长和学有余力的学生确定的，体现了课程目标的自由度。针对学生的基本目标具体表述如下。

● 运动参与目标：积极参与各种体育活动，每周 2～3 次，基本形成自觉锻炼的习惯和终身体育意识，能够编制可行的个人锻炼计划，具有一定的体育文化欣赏能力。

● 运动技能目标：熟练掌握 1～2 项健身运动的基本方法和技能，形成专项运动特长；能科学地进行体育锻炼，提高自己的运动能力；能简单处置常见的运动损伤。

● 身体健康目标：能简单测试和评价体质健康各项指标，掌握有效的锻炼方法；养成健康习惯；合理选择营养食物；具有健康的体魄。

● 心理健康目标：自觉通过体育活动改善心理状况，形成健全的人格，

养成积极乐观的生活态度；运用适宜的方法调节自己的情绪；体验运动的乐趣。

● 社会适应目标：表现出良好的体育道德和合作精神；具备适应各类竞争的能力以及适应自我身心变化的能力。

② 发展目标

发展目标是针对部分学有所长和学有余力的学生确定的，也可作为大多数学生的努力目标，一般分为五个领域的目标。

● 运动参与目标：养成主动锻炼习惯；能独立制定适合自身的健身运动处方；具有较高的体育文化素养。

● 运动技能目标：科学主动地提高运动技术水平，在某个运动项目上达到或相当于国家等级运动员水平；能够进行该项运动的竞赛组织工作；能参加富有挑战性的野外活动。

● 身体健康目标：能选择适宜运动的环境，全面发展体能；掌握评价自身健康状况的方法和手段，并能有针对性地进行自我监督。

● 心理健康目标：在具有挑战性的运动环境中表现出勇敢顽强的意志品质，掌握评价自我心理状况的方法和手段，并能进行有针对性的调整和养护。

● 社会适应目标：形成良好的行为习惯，主动关心他人；能够根据不同的环境变化及时地进行自我调整，以维护身心健康。

③ 阶段目标

体育教学俱乐部的阶段目标需要包含近期目标与长远目标，也就是要熟练掌握运动技能，养成体育活动的习惯，增强终身进行体育活动的意识，即学生需要完成"要我健身"—"我要健身"—"我会健身"过程的转变。

（3）教学大纲

教学大纲弹性化就是开展体育教学俱乐部的诸多高校在全国统一的大纲指导下，综合学校的培养方向、学校与学生的发展需要和学校实际具备的条件。例如，学校、学生情况、体育运动氛围、生源背景等，将每个项目分设初、中、高三级别，分别制定各个级别的教学大纲。此外，要意识到中学体育与高校体育的衔接问题，以及为学生终身进行体育运动奠定坚实基础的切

实需要等问题。

（4）教学内容

教学内容的弹性化就是各个地区根据自身的经济、文化、教育状况等选择符合本地区的体育课程内容、模式、办学层次等。学校则可以按照学校自身的办学方针、设备、师资情况等搭建起与学校发展相符的体育课程内容体系。依据原有的"三自主"选课模式，实施"适度弹性选授课"制度，也就是老师能够从学生的实际需要出发，不违背教学指导纲要的原则，在保证完成规定教学任务以及场地器材条件允许的前提下，加入一些广受学生喜爱的趣味性活动，给老师和学生一些教授、选择的自主权。

在今后的俱乐部教学中，体育教学内容应从以运动技术为中心向以体育方法、体育动机、体育经验为中心转变，建立围绕以人为本、淡化竞技、注重健身、增强体育意识、发展学生个性、培养体育能力、养成锻炼习惯为中心的新的内容体系。其具体的教学内容将根据社会的发展、学生个体的需要及学校的教学条件进行大幅调整，竞技运动教材化，改进非竞技运动项目，充实和丰富有关趣味性、娱乐性、健身性、健康性、集体性教材的比重和基础知识的教学内容。学校可多选择学生感兴趣的、有利于今后能自我进行锻炼的、对终身增强体质有实用价值的、易于开展的项目，如健身气功、太极拳、长拳、健美操、体育舞蹈、羽毛球、乒乓球、篮球、排球、足球等。另外，课外除开设与课内教学有关的项目外，还可以选择一些休闲类、娱乐类的项目，作为课内体育的拓展，如定向越野、野外生存训练等。适当加大民族传统体育项目和学校传统体育的比重，以利于提高学生的体育文化素养，继承和弘扬中华民族的传统文化。

（5）教学组织形式

教学组织形式的弹性化，在于它能够根据学生的水平、个体的差异等特点来安排体育教学。教学组织形式的合理运用，既有助于大幅提高教学质量，也有利于学生个性和情感的培养。

① 打破年级班组问题

对于体育教学俱乐部的课堂教学组织形式，学术界也是争论不一，大部分专家比较倾向于分年级上课。不同年级的学生在身体、心理方面都有一定

的差别，如果打破年级班组上课，教师安排教学内容和运用教学模式时会有一定的困难。

另外，教师的能力和上课时间有限，教师不可能对每个学生的指导都面面俱到，对教学质量会造成一定程度的影响。不过不分年级进行教学也有很多的优越性，由于身体、心理和接受知识的能力不同，学习动作相对快一些的高年级同学，自然就会起到表率的作用，可以帮助低年级中学习动作相对较慢的学生，有利于教师培养体育骨干。低年级同学为了弥补差距，也会努力提高自身素质，形成一种互帮互学的学习氛围。

② 男女生分班问题

关于男女生合班还是分班上课的问题，学术界仍在争论，各有各的说法。男女生合班与分班各有利弊，就合班而言，从社会学角度看还是利大于弊，使得体育教学更加人性化。不同的运动项目具有不同的特点，有些项目适宜采取男女合班上课，如体育舞蹈（本来就是男女搭配进行的项目）、野外生存等，通过男女生之间的交往，调动他们的主观能动性，再加上教师的合理组织与安排，教学效果比较明显。有些要考虑性别差异、体质强弱的项目，则应该采取男女分班上课、如球类项目、田径等。对于这些技术性、身体素质要求较高的项目而言，教师不用因体质强弱差异而必须花费更多的时间来照顾女生，否则会影响男生学习的积极性。因此，采取合班上课还是分班上课，要根据各高校的实际情况和运动项目的特点来确定。

③ 分层教学问题

由于遗传因素、家庭条件及社会环境等因素的影响，学生在发展过程中存在着不同的生理、心理及个体差异，这种差异性是客观存在的。分层教学意在引导学生选择适合本人特点的课程，进一步在体育课程中实现因材施教，进而提高课程的实际效果。

所谓分层教学是指根据学生的认知能力和掌握能力，教师在安排课堂教学内容，运用教学手段、教学模式时根据学生实际学习的可能性，分层讲授、分层指导、分层评价，使每个学生都能在原有的基础上得到提高，这样可以使全体学生都能在原有的基础上充分发挥自己的潜能而实现最大的发展。

各高校体育教学俱乐部应根据自己的实际情况适时地采用分层教学，其具体操作可按以下方式进行：各教学俱乐部课程分为高级班、中级班、初级班三个层次。高级班目标高、要求高、内容多、进度快，这一层次主要针对有一定体育实践能力和身体素质好的学生。中级班目标适当，内容适中，这一层次主要针对有一定体育基础，身体素质较好的学生。初级班进度慢、重基础、多重复、常反馈，这一层次主要针对体育基础差的学生。每一级教学层次都有相应的教学大纲、教学要求和教师自己特定的课堂教学模式。在教学内容上，三个层次之间不应是相关知识的简单拼凑，而是根据不同层次学生运动水平的要求，设计出不同层次的教学目标与要求。在具体实施的过程中可采用升降级制，如果学生在该层次上已经达到了要求，可随时到更高级别的俱乐部进行学习，但如果学生在该级别上学习越来越困难，则将其推到低一级的层次上，这样教师在组织教学时，就可以从内容和要求水准方面有所区分，从而引导和激励学生在原有的水平上有更大程度的提高。

（6）评价体系

我国大多数高校受传统教学模式的影响，多注重在校期间学生的运动技术的掌握和达标情况，而忽视了学生体育锻炼习惯的养成和能力的培养，多注重课程的显性评价，忽略了课程的隐性评价，原有的教学评价方法没有充分体现学生的努力程度和进步幅度等因素。因此，要想避免传统课程评价标准的弊端，就要针对不同地区、不同学校、不同评价对象的特殊情况，确立不同的发展目标和评价标准，使课程评价标准弹性化，成绩考评标准全面化，既要客观准确体现学生的个体差异，又能反映学生通过体育课学习所取得的进步。

在俱乐部的教学评价指标上建议实行绝对评价指标和弹性评价指标相结合的评分方法，对学习效果进行绝对评价，要求标准要制定得客观，能够反映学习效果与客观标准直接的差距。弹性评价指标是指以考试内容要求、标准为基点，根据学生的个体差异，就某个项目的起点等作成绩进步幅度的评价。弹性评价指标能反映出学生的个体差异、个人的努力程度及进步状况。

第四节　多媒体教学模式在高校体育教学中的创新

一、高校体育教学中多媒体技术的应用

（一）多媒体教学技术的特征

1. 多维性

多媒体技术的多维性特征主要指的是多媒体教学技术所拥有的对信息进行处理与扩大空间的能力，此种多维性能能够变换、加工、处理输入的信息，使其输出信息的表现能力得到增加，显示效果得到丰富。例如，在高校体育教学开展的过程中，利用多媒体系统进行辅助教学，不仅能够保证学生对文本知识的学习，还能使其在多媒体技术的支持下清楚地观察、了解体育教师的动作演示，使教学效果得到加强。

2. 集成性

多媒体技术的集成性特征主要指的是多媒体技术能够将不同类别的多种媒体信息有机地进行同步组合，如声音、文字、图像等，进而促进多媒体信息的完整性。此外，集成性还存在另外一层含义，指的是对这些多媒体信息进行处理的工具或者设备的集成，包含视频设备、储存系统、音响设备、计算机系统等。总而言之，多媒体技术集成性指的是在多种设备上将多种媒体紧密地进行关联，使文字、声音、图片与视频的处理实现一体化。

3. 交互性

多媒体教学技术的交互性特征主要指的是人和人之间、人和机器之间、机器和机器之间的交互活动，是人和机器进行对话的能力，即使用者同机器之间进行沟通的能力，这也是多媒体计算机系统不同于传统音响、电视机等家电设备的地方。根据实际的需要，人们不仅能够选择、控制、检索多媒体系统，还能播放多媒体信息与组织编排多媒体节目。

4. 数字化

多媒体教学技术的数字化特征主要是指在多媒体计算机系统中，各种各样的媒体信息都是以数字的形式在计算机中存放与处理，多媒体技术是在数字化处理的前提下被建立的。例如，以矢量方式储存与处理的图形、以点阵方式储存与处理的图像、以数字编码方式储存与处理的音频和视频。在数字化技术发展的背景下，多媒体教学技术得到了广泛的传播与发展。

除了上述四种主要特征，多媒体教学技术还有其他一些特征，如实时性、分布性与综合性等。所谓实时性特征，指的是对于同时间相关的声音与视频信号等的处理，还有人机的交互显示、操作与检索等操作都存在实时完成的要求。所谓分布性特征，指的是基于多媒体数据多样性的存在，在不同的时间与空间都会存在它的素材，并且在不同的领域中，它也得到了广泛应用。多媒体计算机系统还存在比较明显的综合性，它不仅能够综合集成各种媒体设备，同时还能够综合集成各种信息，使它们成为整体。

（二）多媒体在高校体育教学中的应用优势

高校体育教学的传统教学模式是以教师的"教"为中心，在高校体育教学中应用多媒体技术，能够使此种传统高校体育教学模式发生改变。体育教师授课时，利用现代化的多媒体教学手段和人机交互活动与学生间开展交流活动，使学生的体育参与意识得到激发，将体育多媒体教学的教学思想进行展现，形成了以学生的"学"为中心的教学观念。这都能够极大地促进高校体育教学方法的实践性与多样性变革，改变学生体育知识与体育技能的学习思路与方式。

在传统的体育理论课教学中，教师主要的教学方式是以讲授为主，以挂图等展示方式为辅，在实践课中则需要体育教师进行讲解与示范。但在主观条件与客观条件的约束下，很难做到完全规范、标准的技术动作示范，在较短的时间内，学生也很难形成正确的动作概念，这样的教学效果可想而知。

新媒体技术的实施使得上述状况得到改变，在声音、文字与图像的辅助下，体育课程的抽象概念得以具体化、形象化，通过计算机，还能够模拟演示难度较高的体育技术动作。而在对速度较快、结构复杂的技术动作进行讲

解与示范的过程中，取得的效果则将会更加明显。在多媒体技术的支持下，通过慢动作使学生对这一系列动作进行清晰感知，促进相关体育概念的形成与动作要领的掌握，方便其进行模仿与尝试，使得高校体育教学的效率与效果得到极大提高。

多媒体技术能够使人的视觉、听觉等多种感官系统得到刺激，促进大脑不同功能区域交替活动的开展，促进体育学习内容生动化、形象化的发展，增强高校体育教学活动的趣味性与直观性，方便学生对体育技术动作的理解。

多媒体技术对字体、色彩、图表、音乐和动画等多种表现手段进行了综合利用，使得高校体育教学内容的艺术表现力与强烈感染力得到增强，课堂氛围得到活跃。特别是多媒体教学资料中对肢体和谐美、力量美与技艺美的体现，使学生对体育的功效与个性的社会价值取得真正的认识，使他们的求知欲与体育学习的热情得到激发，进而使学生的体育学习兴趣与体育课堂教学的质量得到有效提高。

二、高校体育教学中微课的应用

（一）微课的概述

1. 微课的概念

微课是一种新的教学模式，它就是把老师在课堂上开展教学活动的过程以及强调的重难点用视频这种形式展示出来。微课可以让学生的学习活动不受时间、地点限制，使有效碎片化学习成为可能。

2. 微课的组成

微课的核心部分就是示例片段，也就是课堂上的教学视频。除此之外，也包括和教学主题相关的辅助教学资源，如素材课件、教学设计、教学设计、教师反思等。

在一定的呈现方式和组织关系下，它们共同营造了资源单元应用的小环境，而这里所说的资源单元具有的显著特征是主题式的半结构化单元资源。因此，微课同传统单一资源类型的教学资源之间是有一定的差异存在的，主要表现在教学设计、教学课例、教学课件与教学反思等方面。同时，微课与

上述的这些教学资源之间也存在一定的联系，即微课作为一种新型的教学资源，其发展基础仍是上述的这些教学资源。

3. 微课的特点

（1）碎片化

微课视频一般只有 10 分钟时长，在这 10 分钟内，教师将课程教学过程通过视频录制的方式进行呈现。一节传统课堂的教学时间是 45 分钟，原有的段状课程在微课的形式下，逐渐向点状课程转变，课程内容变得更加精练和细致。因此，学生除了课堂的教学时间以外，还可以利用课外其他零散时间，如在排队等待就餐的时候进行学习。所以，微课的显著特点之一就是碎片化。

（2）重点突出

微课具有碎片化的特点，这一特点就需要教师具备更强的教学能力。微课时间较短，老师需要在有限的时间里体现出授课的逻辑性，突出课程内容的重点与亮点，激发学生的学习兴趣。

（3）较强的师生交互性

微课这种全新教学形式的出现能够满足学生的求知欲以及好奇心，也可以有效改变传统教学方式里老师单方面输出的情况。在微课教学过程中，教师与学生之间的互动得到加强，教师不仅能及时收集学生课程学习的兴趣点，同时，对于学生存在的疑问，也能够及时进行回答。这无疑会为教师后期课程的设计提供便利条件，使其能够同学生的学习与反馈实现同步，进一步提升课程的教学效果。

（4）教学资源能够反复多次使用

在微课的模式下，学生能够按照自身的实际需要，随时随地展开体育学习活动，改善学习效果。例如，在课程开始之前，学生可以通过微课来预习运动技能，课后则可以巩固难点和重点，练习课上学习的动作等。此外，微课教学模式的使用还可以使学生课程学习的积极性得到增强。

（二）微课在高校体育教学中的应用

1. 学生体育需求调研

制作体育微课以前，老师要梳理课程逻辑，提炼出教学重难点，也要贴

近当前的体育新闻热点。微课制作完成后，还应借助网络等渠道在校园里宣传，结合微课的点击率和评论，评估课程内容的质量及合理程度，不断地复盘提高，保证体育教师深入了解学生对课程的兴趣和诉求。另外，对体育微课的宣传可以很好地激发学生的学习热情，让学生在新一期微课发出前就抱有期待，从而提升学生在体育学习过程中的参与度。

2. 体育课程设计

体育微课不仅补充了传统的高校体育教学模式，使得原本的体育课程设计得到了重新定义，也是多媒体时代下高校体育教学发展的必然结果。例如，在设计室内理论课的时候，可以以教师和学生的交流为主，呈现出更加公平、自由的体育课程，并进一步更新体育教师的教学思维，使学生体育学习的热情得到提升。

3. 体育课程教学

体育老师可以把一些新的课程内容或实时体育热点引入微课之中，在课堂上播放，提升学生的学习兴趣。另外，体育老师可以把体育教学里复杂或有难度的动作制作成微课，在课上反复播放，更直观、更生动地呈现出体育教学的具体过程。

4. 体育课后辅导

传统常见的体育教学时间为 45 分钟，老师可以在一节课的实践里详细讲授教学内容，但这还达不到精细化教学的程度，这样就会出现一些学生跟不上教学进度或难以充分熟练掌握学到的运动技能的情况。正因如此，正式的体育课程结束以后，老师就可以把讲述课程重点的微课视频发送给学生，让学生在课后进行自主学习，提高学生的学习成效。

5. 体育课程分享

分享的本质也是一种学习。学生在社交平台发布质量较高的视频课，可以带动身边的亲朋好友一起学习，扩大学习圈。学校要营造出一种分享的氛围，建立起体育学习的共同体，确保学习共同体内部的成员彼此监督、一起成长。举例来说，使用微课进行体育舞蹈课程教学，让更多对体育舞蹈感兴趣的学生彼此能够更及时地获得以及分享学习资源。此外，还能组织学校里共同体之外的对体育舞蹈感兴趣的同学一起观看微课。这样既扩大了体育舞

蹈社团的规模，也使学生的课外生活更加丰富充实。

三、高校体育教学中翻转课堂的应用

（一）翻转课堂概述

1. 翻转课堂的概念

翻转课堂一词来源于英文词汇 Inverted Classroom 或 Flipped Classroom，通常是指重新调整教学课堂内外时间的教学模式，从本质上来讲，就是学习的决定权不再属于教师，而是由学生掌握。

在翻转课堂教学模式的应用过程中，学生能够在课堂有限的时间内更专注地开展学习活动，教师也不会再耗费大部分的课堂时间去讲授知识，但是在课堂教学结束以后，学生需要自主地完成这些知识的学习，他们可以利用的方法有听播客、看视频讲座、阅读电子书等。

综上所述，在翻转课堂教学模式下，不管什么时候，学生都能够对自己所需的材料进行查阅，教师同每一个学生进行交流的时间也得以增加。当课堂教学结束以后，学生就能够自主地对学习节奏、学习内容、学习风格与知识呈现的方式进行规划。

2. 翻转课堂的特点

（1）教学视频的短小精悍

翻转课堂中的大部分视频只有几分钟的时间，而且每一个视频的针对性比较强，可以方便学习和检索；这种视频时长处于学生注意力比较集中的时间范围，同学生的身心发展特征相适应；在网络上发布的视频存在回放、暂停功能等，能够让学生自己进行控制，能让学生的自主学习得以顺利完成。

（2）重新构建学习流程

学生的学习过程一般会有两个阶段，即传递信息和内化吸收。传递信息的实现需要教师与学生之间的互动、学生与学生之间的互动，内化吸收则需要学生在课堂教学结束以后自己完成。在学生自己完成的过程中，因为缺少教师的支持与同学的帮助，学生经常会产生挫败感，使他们丧失学习的动机

与成就感，翻转课堂的教学模式使学生的学习过程得到重新构建。

在翻转课堂教学模式下，第一阶段的传递信息是在课堂教学开始之前由学生完成的，而教师在提供视频的同时，也提供了在线辅导，第二阶段的内化吸收是在课堂教学开展的过程中由互动实现的。对于学生存在的学习困难问题，教师应该提前了解，同时在课堂教学过程中对学生进行有效指导。学生与学生之间的互相交流活动，对于学生内化吸收知识的整个过程也能够起到一定的促进作用。

（3）复习检测的快捷方便

学生看完微课教学视频后能够看到视频最后的一些小问题，问题能帮助学生从自身实际情况出发检验自身的学习质量。如果对于这几个问题，学生的答案不是很理想，那么学生就应该回放一遍教学视频，仔细思考出现问题的原因。同时，教师应通过云平台，将学生回答问题的实际情况及时地进行汇总、分析与处理，以更加客观、全面地了解学生的学习情况。教学视频的另一个明显优势，就是能够在经过一段时间的学习以后，方便学生对学习到的知识进行复习与巩固。

（二）高校体育翻转课堂的主要特点

1. 体育教师是课程的引导者

体育老师是大学体育翻转课堂的引导者，在和学生培养目标不产生冲突的前提下，学生在上课前便能够从体育视频里学习体育动作，课前老师与学生的沟通过程可以让学生明确自己感兴趣的重点内容。基于此，体育课程其实也是训练课程，老师在这个过程中处于引导地位，指导各个对象开展训练。结束一个单元的训练后，老师要依据学生对训练的掌握情况继续完善相应教学。

2. 学生是翻转课堂的主角

学生是翻转课堂教学模式的主体，是课堂的中心：第一，学生可以在课前提前学习相关动作的示范及讲解，自己难以理解的部分也可以反复观看。同时，学习资源十分丰富，可以学习很多其他课程知识，也可以自己把控学习进度。第二，大学生在课堂上和老师、同学积极沟通，确定自己练习的要

点以及方向，体能训练应该以个人的实际所需为基础，再考虑多种不同的体育动机差异性。另外，学生可以高度参与实际的课堂练习过程，也可以掌控部分过程。举例来说，可以选取自己适应的练习方法和训练难度，也可以结伴互助练习。

3. 课堂时间延长并且效率高

缩短课堂上的讲课时间是大学体育翻转课堂最显著的特征，这给学生提供了更多时间进行训练。传统的在课堂上讲授的内容被提到课程开始前，学生观看更具科学性、更直观的视频学习资料完成自己对所学技术要领的理论性认知。这样，学生就有更多的时间开展实际训练。老师在课前与学生沟通后也更容易提出精准的建议，老师的建议可以促使学生提高训练效率。同时，老师及时地反馈也能帮助学生认识到自己的优势和短处，然后及时调整自己的学习状态。客观来说，翻转课堂能延伸学生的练习时长，也能提高学生的练习效率，能够从根本上实现"教""练"双重目标。

（三）高校体育教学中翻转课堂的必要性和可行性

1. 必要性

（1）新课改的需要

随着我国体育事业的持续发展，为了改善体育行业优秀人才数量较少的现状，高校作为体育人才培养的重要场所，应在体育教学中创新教学方式，深化体育教学改革，在网络信息技术背景下，充分发挥网络优势，以此丰富体育教学内容，利用网络技术实现体育教学资源的有效整合，促使学生在网络教学优势的带动下，实现体育知识的个性化、信息化学习。与此同时，翻转课堂的有效性应用也是高校体育顺应素质改革要求的良好表现，翻转课堂能够对传统教学模式有效创新，提高体育课堂活力，提高学生在体育学习中的主体地位。

（2）高校体育教学的需要

现如今，高校体育教学在实际教学中应用翻转课堂，即在尊重学生体育学习成绩差异性的基础上，有针对性地开展个性化教学活动，并根据每位学生的学习时间、学习基础、学习能力的不同，制定针对性的体育教学视频，

针对学生在体育方面存在的不足，对其针对性弥补，从而满足我国高校体育教学的需要，提高体育教学效率。

2. 可行性

（1）技术原理和教学原理相统一

高校体育主要以强化学生体育能力、开阔学生体育视野为目标，翻转课堂应用的过程即在技术设备辅助下，提高体育生的体育素养和体育水平，二者目标存在一致性。因此，翻转课堂具有可行性。此外，翻转课堂的应用过程与学生的学习过程相一致，在学习体育新知和体育技能之前，学生应首先对新内容全面认识和掌握，在此基础上，对内容展开深入探究，教师必要时提供教学指导，学生经过多样性、重复性练习后，体育技能得以提高。从上述对翻转课堂的介绍可知，二者存在应用过程一致性，学生在这一教学模式中能够实现体育知识巩固、体育能力提高的目标。

（2）翻转课堂具备较强的适用性

通过资料分析可知，翻转课堂无论是在理论应用方面，还是在课堂实践方面，它在教学领域中的应用优势不容忽视，此外，国内外均对此展开了详细介绍。翻转课堂经实践证明，其学科应用价值较高。它应用于体育教学，能够帮助学生巩固基础知识，同时还会对学生的体育短板进行有效弥补，从而促进体育生全面发展。

（3）翻转课堂硬件条件优越

高校体育在实际教学中，翻转课堂能够为其提供信息技术支持，多媒体信息技术设备的功能性还会实现体育知识的有效传递，教师借助多媒体设备完成幻灯片制作后，学生能够进行课件复制，能及时完成网上作业，体育课件的学习价值也会相应提高。目前，高校学生能够保证每人一台电脑，即使个别学生没有电脑设备，高校电子阅览室也会为学生提供多媒体设备支持，这为翻转课堂的应用提供了信息技术支持。从中可见，高校体育教学中应用翻转课堂具有一定可行性。

综上所述，从翻转课堂应用的必要性和可行性两方面来分析其在高校体育教学中是否可行，分析结果为具有可行性。为此，高校体育教师应转变对这一教学模式的应用看法和应用实践，提高翻转课堂在实际体育教学中的应

用策略，通过彰显翻转课堂应用优势来提高学生的体育能力、强化学生的体育素质。

（四）翻转课堂在高校体育教学中实施应具备的条件

中国高校体育改革逐渐深入，旧的教学方式很难适应现代的体育教学，也很难满足社会对人才的要求。现代教学最重要的就是革新教学模式，这会对中国高校体育教学的发展起到非常重要的作用。新的教学模式要与现代社会发展的要求相符，兼备技术动作示范和理论讲解，引入翻转课堂教学模式能促进新型体育教学模式的形成。这种教学模式借助电脑等科技手段建构出新的学习环境，学生能在上课之前观看教学视频，下课以后深入理解知识点，课堂进行过程中，老师和学生积极互动讨论问题。这样可以提升师生互动频率，学生也可以学习更全面、更具系统性的理论知识。

1. 信息技术及设备的保障

翻转课堂可以让学生在上课之前借助网络、电脑等查找学习内容，包括老师制作的学习资源，这样可以让学生提前掌握自己需要学习的知识，等到上课时，学生就可以依据教学内容和老师互动交流。新型的教学模式需要借助网络和计算机的强大功能，它用开放包容的态度和先进的教学方式提高学生的学习兴趣，激发学生的学习主动性。

2. 学习者自主学习的能力

翻转课堂想要顺利开展离不开学生的自主学习能力。计算机和网络是实行翻转课堂的基础，学习者借助学习课件学习，整合教学内容，明确自身的知识掌握程度，然后在课堂中与老师进行沟通，优化对教学内容的学习效果。

3. 学习者发现问题和解决问题的能力

翻转课堂对旧式教学模式进行突破，将传统课堂更看重教师的观念变更为更看重学生的自发性学习。在这个过程中，学习者要充分具备发现、解决问题的能力。要认真学习视频中的内容，寻找自身的不足。学生应该在上课之前就做好学习准备，带着问题上课。

翻转课堂模式对实现体育教学目标起到积极作用。在翻转课堂教学模式

下，高校体育老师能通过说课、研讨、交流等方式，针对学校体育学及体育教学的课程建设、教材撰写、教学方法运用等具体问题展开深入探究，为了更好地提升学校体育教学课程建设水平，持续提高体育专业人才的培育质量，给"全民健康"提供智力、人力支持。翻转课堂教学模式需要老师具备体系化、全面化的体育教学理论和实践指导能力，要求老师可以借助最先进的教学理论、方法在学生中开展合作性学习，营造良好的学习氛围，让学生自己进行探究学习，持续提高学生的实践能力和信息化水平。

（五）翻转课堂在高校体育教学中的实施策略

1. 建设在线虚拟教学平台

建构在线虚拟教学平台就是为更好地实行翻转课堂奠定基础，这个平台包含了很多模块，如教学内容上传模块、师生交流与答疑模块、在线测试与评价模块、学习跟踪与监控模块、学习总结与成果展示模块等。体育老师可以将和体育教学有关的视频、PPT 等教材上传到平台上，也能使用平台发布作业，开展一系列教学活动，如在线测验、监控督促、在线交流、在线评价等。学生可以在这个平台上在线学习，也可以下载学习资料离线学习，同时学生能够与老师在平台上实时沟通、交流，解决自己的困惑。

2. 创新评价机制

在翻转课堂这种教学模式下，高校的体育评价不能够局限于以往的纸笔测验，评价的内容、主体、标准、方法等都应该做出与传统教学不同的改变，否则翻转课堂的实践就难以落实，只会浅浮于表面。翻转课堂模式下的高校体育教学评价要坚持"以评促学""以评促教"的主要目标，其中，评价看重的主要指标是学生的进步程度，再结合一些多元性的评价，这样的评价才会既准确又全面。评价的主体、内容、方法、阶段等多个方面都能体现出多元化评价的特点，评价既能提高学生学习的积极性，也能促进教师对教学的热情，评价最主要的目标就是提高教学的实际效果。

3. 提高体育教师的综合素养

教师不管在哪一种教育教学改革里都是改革成败的关键角色与核心人物。翻转课堂是在信息化社会下应运而生的，它代表了一种前卫的教学理念，

也是一种富有进步性的教学方法，它的出现促使体育教师全面提升自己的综合能力。体育教师承担了很多角色，需要完成很多工作，他是建构、设计、使用在线虚拟教学平台的人，也是开发、上传教学资源的人；他组织、引领学生进行学习与实践，也对学生的学习成果进行评价；他会实时监督、把控学生的学习进度、学习质量，也会不断完善自己的教学设计。

在高校体育教学改革深入发展的特殊阶段，在广大体育教师积极投身于高校体育教学改革的今天，依然应该谨慎地对翻转课堂教学模式进行审视，尤其要避免偏离翻转课堂本质而过度追求形式的教学情况出现。

（六）翻转课堂在高校体育教学中实施的价值探析

目前，翻转课堂已经在我国发展起来，但有关翻转课堂价值含量的理论研究还未被重视。为了对翻转课堂进行更好的应用和推广，下文将对它在高校体育教学里的核心价值进行探究、讨论。

1. 实现高校体育教学与信息技术的有机结合

当今社会是信息化高度发展的社会，学生的生活、学习方式相较过去有了很大的改变，学习交流依靠手机、电脑这类信息化设备已经成为当代学生的习惯，教学的信息化也是为了与当代学生的学习行为、学习习惯相适应。

翻转课堂是信息化社会的产物，它很好地将教学与信息技术融合起来，高度适应了学生的学习习惯，这一新型教学方式让学生在学习时也能感受到趣味性。体育教师在平台上上传视频等教学资源，设置好成体系、有秩序的学习导航，及时与学生在网络上展开交流，营造出利于学生身体、心理双重发展的教学环境。这样可以促进师生间的交流，提升学生学习的兴趣和主动性，也为教育教师有效开展教学活动奠定基础。

2. 有利于实现高校体育教学的精讲多练

学生在课堂上的学习总时间是固定的，而学生在学习新的知识、技能时会耗费更多的时间，那么他们开展体育练习的时间就会缩短，这样就会对学生学习体育相关理论产生不利影响，因此体育课堂教学更应该精讲多练。

实行翻转课堂模式就需要学生在上课之前自主学习视频内容，大致了解教学内容以及重难点。学生有自己解决不了的问题可以借助在线平台与老师交流，教师也可以通过留言及时把控学生的学习情况；在课堂上，体育教师就可以重点讲解学生难以解决的问题，节省课堂时间，这样学生就有更多时间进行体育实践。

3. 实现高校体育教学要素的优化组合

从高校体育教学要素的层面上来讲，翻转课堂同传统的高校体育教学模式之间存在的区别并不是很明显。对于翻转课堂而言，它主要是利用科学合理地重构高校体育教学要素来使高校体育教学的效果实现提升。之所以将翻转课堂判定为一种革新性高校体育教学方式创新，是因为此种教学模式在对高校体育教学要素的各种功能进行准确定位的情况下，体育教师与学生的主体性地位得到了转换，使体育课程的资源得到拓展，促进了高校体育教学目的、高校体育教学方法与反馈机制的合理调整，对学生体育学习的良好环境进行创设，进而从质的层面改变高校体育教学的形态与结果。

同时，需要注意的是，翻转课堂在组合高校体育教学要素的问题上并不是固定不变的，而是动态变化的。在高校体育教学的实践活动中，按照实际的需要，体育教师对于各教学要素间的组合关系可以随时进行调整以保证特定高校体育教学目标的实现。

4. 促进高校体育教学中素质教育的实施

素质教育最重要的目标就是提升受教育者的综合素质，提升综合素质就需要人在保有自身特性的同时全面发展。个性的完善，不仅是素质教育开展的价值理念，也是素质教育的目标理念，培养个性、促进人的全面发展是素质教育的真谛。

学生的学习目标在翻转课堂教学模式下是具有一致性的，教师从学生的实际学习情况出发，制定满足学生特性的目标。观看在线体育教学视频，提升学生的自主学习能力，再根据学生的学习能力确定教学视频的观看次数，让学生依据自己的学习基础自己选择视频内容；从反馈问题的层面上来讲，通过在线交流平台，学生能够将学习中的问题随时向教师反映，同时，获得教师的及时指导；从学习评价的层面上来讲，体育教师对学生进行评价的依

据是学生的进步程度，同时将小组评价和个人评价融入最终评价结果之中，这种评价模式有助于让学生明确其在学习过程中的优点和不足，并时刻感受到自己不断提高的过程。由此可知，翻转课堂特有的个性化教学模式有利于学生摆正学习态度，提升学习兴趣，增强沟通能力，树立正确价值观，最终促成学生的全面发展。

参考文献

[1] 李慧. 高校体育教学改革与科学化训练研究 [M]. 沈阳：辽宁大学出版社，2021.

[2] 温正义. 高校体育教学与大学生体育实践能力培养研究 [M]. 北京：北京工业大学出版社，2021.

[3] 刘满. 现代高校体育健康教学理论与发展新探 [M]. 北京：北京工业大学出版社，2021.

[4] 谢宾，王新光，时春梅. 高校体育教学与运动训练研究 [M]. 长春：吉林人民出版社，2021.

[5] 常德庆，姜书慧，张磊. 高校体育教学与运动训练研究 [M]. 长春：吉林出版集团股份有限公司，2020.

[6] 孙丽娜. 高校体育教学风险防范现状与运动应急对策研究 [M]. 长春：吉林大学出版社，2021.

[7] 李进文. 高校体育教学与体育文化融合发展研究 [M]. 北京：中国原子能出版社，2021.

[8] 田雪文. 现代信息技术下高校体育教学改革的审视 [M]. 长春：吉林出版集团股份有限公司，2021.

[9] 吉丽娜，李磊. 高校体育教学与训练理论实践探究 [M]. 北京：地质出版社，2017.

[10] 孙银蔓. 高校公共体育理论课网络教学系统的分析与设计 [M]. 成都：四川大学出版社，2015.

[11] 孙兴东. 高校体育课程教学理论与实践研究 [M]. 西安：西安地图出版社，2010.

［12］李正恩，韦燊，马平军. 高校民族传统体育教学理论与实践［M］. 北京：中国时代经济出版社，2013.

［13］吕琛辰，马垠. 大数据时代高校体育教学管理研究——评《信息技术与高校体育教学模式融合研究》［J］. 中国科技论文，2022，17（8）：951.

［14］张伟. "互联网+"在高校体育教学中的应用［J］. 黑龙江科学，2022，13（13）：153-155.

［15］陈娟. 高校体育教学中渗透职业心理素质教育的实施策略研究［J］. 青少年体育，2022（7）：48-49.

［16］杜菁菁. 高校体育教学创新与体育文化传播平台的构建——评《高校体育文化教育与运动研究》［J］. 重庆高教研究，2022，10（4）：129.

［17］刘治国. "互联网＋教育"背景下高校体育教学创新思维探究——评《互联网视域下体育教学体系建设》［J］. 中国科技论文，2022，17（5）：590.

［18］付重阳，王云鹏. 高校体育教学创新的基本方向与实现路径研究［J］. 青少年体育，2022（2）：92-93.

［19］庄琦. 构建高校体育教学创新体系研究［J］. 黑河学院学报，2021，12（1）：116-118.

［20］李永刚. 高校体育教学创新体系的创建探索［J］. 当代体育科技，2021，11（17）：92-94.

［21］林振国，陈金辉，吴杰. 高校体育教学中对学生环保意识的培养［J］. 环境工程，2023，41（1）：284-285.

［22］唐亮，王合霞. 新时期高校体育教学训练与教育创新研究——评《高校体育教学创新方法论》［J］. 中国高校科技，2022（10）：106.

［23］欧阳荣. 高校体育院系健美操专项课程教学生态环境研究［D］. 湘潭：湖南科技大学，2021.

［24］杜雅倩. 河北省高校体育网络教学资源的利用研究［D］. 曲阜：曲阜师范大学，2021.

［25］焦庆华. 高校体育教育专业篮球专项课教学质量评价体系研究［D］. 济南：山东师范大学，2022.

［26］张志坤. "健康中国 2030"背景下河南省高校体育教学俱乐部的发展对策研究［D］. 长春：吉林体育学院，2019.

［27］王鑫. 河南省高校体育教师教学创新能力与学校环境的关系研究［D］. 郑州：郑州大学，2018.

［28］刘宇. 高校体育对大学生个性发展的影响研究［D］. 成都：四川大学，2005.

［29］王蓉. 普通高校体育教学评价模型的构建与实证研究［D］. 昆明：云南师范大学，2016.

［30］王宁. 网络技术在高校体育教学中的应用发展研究［D］. 牡丹江：牡丹江师范学院，2014.